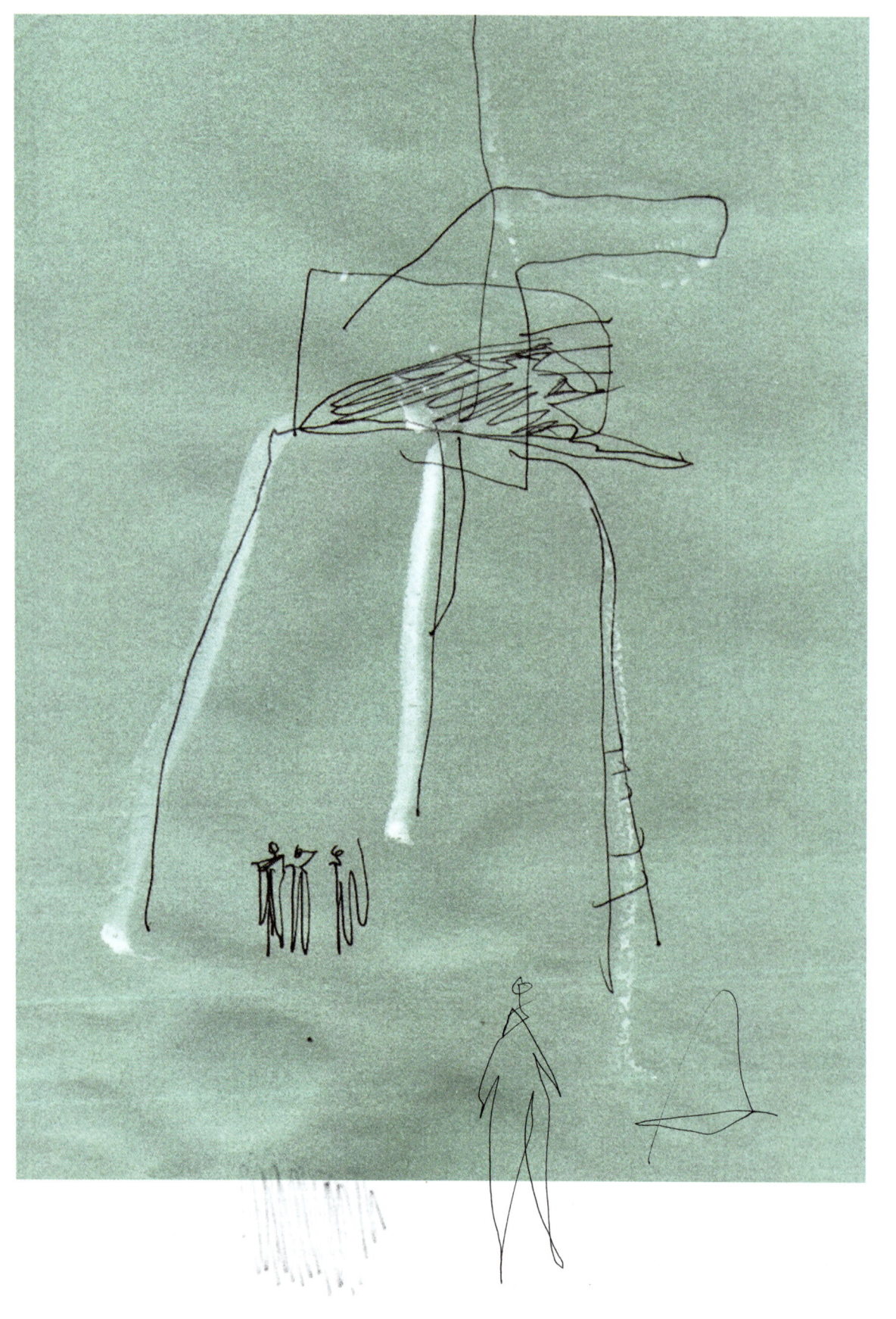

LES MAISONS-NATURE
DE PIERRE THIBAULT ARCHITECTE

PHOTOGRAPHIES : ALAIN LAFOREST

Éditeur délégué Yves Bellefleur
Auteur Pierre Thibault
Révision linguistique Karine Bilodeau
Croquis Pierre Thibault
Photographies Alain Laforest
(sauf page 36, Charles Ferland et page 46, Bernard Brault)
Conception graphique Paquebot Design

LES ÉDITIONS LA PRESSE

Président André Provencher
7, rue Saint-Jacques
Montréal (Québec) H2Y 1K9

© Les Éditions La Presse
TOUS DROITS RÉSERVÉS
Dépôt légal – Bibliothèque et Archives nationales du Québec
2ᵉ trimestre 2010
ISBN 978-2-923681-34-4
Imprimé et relié au Québec

L'éditeur remercie le gouvernement du Québec pour l'aide financière accordée à l'édition de cet ouvrage par l'entremise du Programme de crédit d'impôt pour l'édition de livres administré par la SODEC.

L'éditeur bénéficie du soutien de la Société de développement des entreprises culturelles (SODEC) pour son programme d'édition et pour ses activités de promotion.

L'éditeur reconnaît l'aide financière du gouvernement du Canada, par l'entremise du Programme d'aide au développement de l'industrie de l'édition (PADIÉ) pour ses activités d'édition.

Catalogage avant publication de Bibliothèque et Archives nationales du Québec et Bibliothèque et Archives Canada

Thibault, Pierre, 1959 16 août-

Les maisons-nature de Pierre Thibault, architecte

Comprend un index.

ISBN 978-2-923681-37-5

1. Thibault, Pierre, 1959 16 août- . 2. Architecture - Aspect de l'environnement - Québec (Province). 3. Architecture domestique - Québec (Province). 4. Maisons conçues par des architectes - Québec (Province). I. Titre.

NA749.T44A7 2010   720.92   C2010-940458-0

TABLE DES MATIÈRES

PAGE 6. L'ARCHITECTURE POUR CHANGER LA VIE //
PAGE 9. CONCEVOIR UNE MAISON : UNE BELLE AVENTURE //
PAGE 14. ENTRETIEN ENTRE PIERRE THIBAULT ET SOPHIE GIRONNAY, DIRECTRICE DE LA MAISON DE L'ARCHITECTURE //
PAGE 23. NEUF MAISONS, NEUF HISTOIRES //
PAGE 24. LA VILLA DU LAC DU CASTOR // **PAGE 36.** LA FLOUVE //
PAGE 46. LA GRANDE GALERIE // **PAGE 60.** LA MAISON DANS LA FORÊT PRÈS DU LAC // **PAGE 72.** LA MAISON ROBITAILLE //
PAGE 80. LA MAISON NOIRE // **PAGE 92.** LES ABOUTS //
PAGE 106. LA MAISON GRISE // **PAGE 118.** LA GRANDE MAISON – LE MONASTÈRE CISTERCIEN // **PAGE 141.** UNE VISION DE L'HABITAT DE DEMAIN // **PAGE 142.** ÉPILOGUE

L'ARCHITECTURE POUR CHANGER LA VIE

UN PROJET DE MAISON, C'EST BIEN PLUS QUE DES MURS ET UN TOIT. C'EST LA PLUPART DU TEMPS UN PROJET DE VIE, PARCE QUE NOUS NE SOMMES PAS LES MÊMES PERSONNES SELON LE LIEU OÙ NOUS NOUS TROUVONS. L'ARCHITECTURE A LE POUVOIR DE TRANSFORMER NOTRE RAPPORT À L'ESPACE MAIS AUSSI AU TEMPS, ET JE DIRAIS MÊME NOTRE RELATION À L'AUTRE.

La première chose que j'aimerais faire découvrir, c'est le processus. Réaliser la maison qui nous convient le mieux, c'est un peu aller à la découverte de ce qu'on désire, de ce qu'on souhaite. C'est une façon de faire que le rêve qui nous habite devienne réalité. C'est une histoire qui demande du temps, pour nous laisser la possibilité d'aller au-delà de ce qui nous semble important dans un premier temps. Ce n'est pas simplement bâtir une maison ou faire la liste de tous nos besoins, c'est la synthèse de ce qu'on désire en couple, en famille, comme communauté plus ou moins grande. C'est désirer un environnement qui nous fait du bien.

Dans les histoires que je vous raconterai dans ce livre, des gens ont fini par trouver le lieu qu'ils cherchaient. Je pense que le moment où on se dit « c'est ici que j'aimerais vivre » est important. Le rapport au paysage, au quartier, à la communauté environnante, la proximité des amis, des connaissances, tout entre en considération. Ce n'est pas simple dans une société comme la nôtre qui a trop souvent tendance à privilégier le résultat et à oblitérer tout le processus. Parce qu'une maison, c'est bien plus qu'une maison. La maison en elle-même nous mène ailleurs. Dans les projets que je vous présente, ce qui m'a vraiment toujours étonné, c'est à quel point le projet peut changer les gens. D'une part, le processus ouvre des portes parce qu'il y a un temps de questionnements, d'interrogations, de rêves. D'autre part, c'est assez incroyable comment, au quotidien, un environnement nous modifie, nous permet de voir autrement.

Une des premières choses qui surprend tout le monde : l'importance de la contemplation. C'est quelque chose qui peut sembler dépassé dans notre rythme contemporain, mais la contemplation est une véritable nourriture. Mes proches et moi-même, nous nous assoyons et regardons la lumière changer sur le Saint-Laurent, sur la neige, nous admirons toutes ces couleurs, ses nuages merveilleux. L'environnement a beaucoup à nous offrir, il nous permet d'aller au-delà de nous-mêmes et des contraintes de la vie. Une maison, c'est découvrir la possibilité d'être autrement, plus près de ce qu'on est réellement, j'espère. C'est au quotidien que la maison devient, d'une certaine façon, un guide vers ce qui est primordial dans nos vies.

Dès l'enfance, j'ai observé des proches qui étaient transformés par l'architecture. Sur son île, dans le chalet qu'il avait construit, mon oncle Jacques nous accueillait, heureux à l'idée de nous faire vivre de beaux moments près du lac. Ma tante Marie était lumineuse dans son jardin et autour du poêle, lorsqu'elle nous préparait des repas dont je me rappelle jusqu'à la pâte fine de la tarte au sucre. Entre la maison et l'école, même mes amis les plus proches avaient une attitude différente. À l'adolescence, j'ai passé une année à Paris. La vie était tellement différente. Nous habitions un appartement plus petit qu'à l'habitude, nous faisions toutes les courses à pied. L'architecture de la ville changeait notre vie. Jour après jour, l'espace modifiait nos rituels quotidiens. J'ai aussi vécu à Rome en famille, avec mes enfants. La piazza où nous habitions était pour nous comme une scène, celle d'une autre vie que nous observions, mais sur laquelle nous étions aussi de véritables acteurs.

L'architecture est un grand livre d'histoire, elle nous fait comprendre ce qu'a été la vie à d'autres époques ; elle révèle les priorités d'une société. L'architecture a une influence très grande sur nos vies et notre monde ne semble pas y porter attention. Je souhaite que ces récits vous donnent le goût d'écrire votre propre histoire. Je vous raconte des éléments de la mienne et je suis encore étonné des changements que notre cadre de vie nous a apportés, à ma famille et à moi. Nous nous retrouvons plus souvent en famille et nous avons appris ensemble à débrancher le téléphone, les ordinateurs, le téléviseur, les magnétoscopes. Nous retrouvons un autre temps dont nous ne voulons plus nous passer. Avoir plus de temps pour accueillir la famille, les amis, c'est un grand bonheur.

Dans *Walden ou La vie dans les bois*, Thoreau écrit : « J'aurai au moins appris grâce à l'expérience ; si quelqu'un avance en toute confiance dans la direction de ses rêves et s'efforce de mener la vie qu'il a imaginée, il rencontrera un succès auquel il ne se serait pas attendu aux heures ordinaires. Il laissera des choses derrière lui et franchira une frontière invisible. » J'ai assez d'expérience pour mieux comprendre Thoreau et mieux saisir l'importance de l'environnement, de la nature. Dans ma vie, l'architecture m'a permis d'ouvrir des portes et de franchir des frontières insoupçonnées. J'aime à croire que ce livre vous permettra d'ouvrir quelques portes, vous aussi.

BIEN DES GENS ONT RENDU POSSIBLE LA NAISSANCE DE CE LIVRE. MA CONJOINTE, LINE OUELLET, PREND QUELQUES PAGES POUR PARLER DE NOTRE MAISON, SON AMIE. MES ENFANTS M'ONT ACCOMPAGNÉ DANS MES DIFFÉRENTS PROJETS. MES CLIENTS, AVEC QUI J'AI PARTAGÉ DE BEAUX MOMENTS, TÉMOIGNENT EUX AUSSI DE LEUR EXPÉRIENCE. ALAIN LAFOREST, UN AMI PHOTOGRAPHE, ME PERMET, DEPUIS PLUS DE QUINZE ANS, DE MIEUX COMPRENDRE MA PROPRE ARCHITECTURE. SOPHIE GIRONNAY EST UNE AMIE AVEC QUI J'AI DU PLAISIR À REFAIRE LE MONDE. L'ARCHITECTURE EST UN TRAVAIL D'ÉQUIPE ET JE DOIS BEAUCOUP À L'ENSEMBLE DE MES COLLABORATEURS DEPUIS VINGT ANS. LES MAQUETTES ET LES PLANS DEMANDENT UN TRAVAIL CONSIDÉRABLE QUE NOUS FAISONS ENSEMBLE DANS LE DÉSIR DE NOUS DÉPASSER. LEURS NOMS FIGURENT À LA FIN DU LIVRE. JE TIENS AUSSI À REMERCIER L'ÉDITEUR QUI A EU L'IDÉE DE CE LIVRE ET M'A DONNÉ LES CONDITIONS POUR LE MENER À BIEN; MERCI À ANDRÉ PROVENCHER ET YVES BELLEFLEUR. JE SOUHAITE AUSSI TRANSMETTRE AUX ÉTUDIANTS, À QUI J'AI PENSÉ EN ÉCRIVANT, LE GOÛT D'ALLER JUSQU'AU BOUT DE LEURS RÊVES.

CONCEVOIR UNE MAISON : UNE BELLE AVENTURE

LA PREMIÈRE ÉTAPE DE L'AVENTURE CONSISTE À TROUVER LE SITE OÙ L'ON POURRA CONSTRUIRE PARCE QUE SANS LUI, IL EST IMPOSSIBLE DE TRAVAILLER.

Faire une maison, c'est trouver le meilleur rapport entre un site et les espaces dont on a besoin. Ce site peut être en ville, à la campagne, en forêt ou en banlieue, peu importe, il doit convenir au propriétaire. Je ne commence pas à travailler tant que je n'ai pas vu le terrain.

La deuxième étape est ce qu'on appelle le programme architectural. En fait, c'est l'ensemble des besoins des clients que nous convertissons en espace et que nous quantifions en superficie. La liste des besoins doit refléter leurs priorités et, en ce sens, ce qui important pour eux. À quel moment de la journée aiment-ils la présence du soleil ? Quelles sont les vues à privilégier ? Les dimensions ? Le budget est intimement lié au programme architectural et il nous permet d'arriver au bon résultat. Le budget est assez simple à calculer, il y a un coût par unité de superficie (pied ou mètre carré). Le budget divisé par le coût au mètre carré donnera le nombre de mètres carrés qui peuvent être construits. Je pense que nous avons de cette façon un bon guide parce qu'il est inutile de vouloir construire deux fois plus grand que ce que les clients ont les moyens de s'offrir. La maison ne doit pas être un poids financier. Je souhaite que la maison soit une valeur ajoutée à la vie. La maison est là pour bonifier la vie. Nous ne devons pas être au service de notre habitat.

Selon moi, il ne faut pas faire des espaces trop grands. Deux facteurs influencent beaucoup notre perception intérieure. D'une part, on peut désormais fenêtrer plus largement nos habitations à cause de la création de verre à plus haute résistance thermique. D'autre part, le fait de voir loin repousse la limite entre l'intérieur et l'extérieur, on a l'impression que l'espace intérieur est plus grand qu'il l'est en réalité parce qu'on est alors en contact avec un environnement élargi.

Il faut aussi faire en sorte qu'un espace puisse avoir plus d'une fonction, il faut décloisonner et opter pour des solutions simples, par exemple des portes coulissantes. Autre élément important : j'essaie de créer des perspectives pour qu'on puisse voir d'une extrémité à l'autre de la maison. J'évite les culs-de-sac, ce qui ajoute une dimension étonnante à la maison et permet de gagner de l'espace. La déambulation est ainsi plus facile et on a aussi l'impression que la maison est mieux adaptée.

C'est après avoir établi les besoins des clients et la quantité d'espace qu'ils désirent que l'architecte peut évaluer la superficie du bâtiment à construire. C'est au moment de la première visite du site que le travail commence réellement. La visite du site, c'est comprendre, et je dirais même sentir un environnement, c'est de l'ordre des sensations. On va essayer de faire en sorte que cet environnement permette au propriétaire de profiter de tous les moments de la journée, mais aussi de toutes les saisons. L'idéal est de marcher sur le site à différents moments de l'année avant de construire afin de tirer le meilleur parti de l'environnement choisi. Dans un boisé, en été, on ne retrouve pas du tout la même atmosphère qu'en hiver. Le soleil n'a pas le même parcours selon les saisons. Il est important de maximiser son apport, il faut favoriser le plus possible l'énergie solaire passive, c'est le premier élément à considérer sur un site. C'est pour cela que l'on dessine souvent des maisons rectangulaires, de façon à capter la lumière sur la plus longue façade. On tente de trouver le meilleur rapport entre la largeur et la longueur, car si la maison est plus étroite, étonnamment notre contact avec l'extérieur sera amplifié.

Cette visite se fera avec les gens pour qui on va construire la maison, afin de bien comprendre leurs besoins et leurs attentes. Comme on a déjà une idée du programme architectural, on pourra le faire évoluer en discutant. Mon équipe et moi, nous avons tendance à essayer de faire plus petit dans un premier temps, nous tentons de combler les besoins des clients avec une surface moindre. Il faut prévoir plusieurs visites, c'est essentiel. Plusieurs allers-retours sur le site sont nécessaires à la conception.

L'étape suivante du processus est ce qu'on appelle l'esquisse. Faire une esquisse, c'est essayer dans un premier temps d'établir une relation féconde entre le site et le programme d'architecture et de trouver le parti architectural, c'est-à-dire la bonne stratégie. C'est tenter de faire une première synthèse, de mettre en espace, de matérialiser les désirs qui ne sont que des éléments épars. Concevoir un projet d'architecture, c'est trouver une réponse simple à un problème complexe. Si le projet est trop compliqué, cela signifie qu'on n'a pas trouvé la bonne solution. Souvent, à l'étape de l'esquisse, on développe deux scénarios différents. La première solution peut être intéressante, mais ce n'est pas nécessairement celle qui convient le mieux. Avec deux scénarios, on peut comparer les avantages et les désavantages, choisir ce qu'on privilégie dans une option par rapport à l'autre, en fonction bien sûr des contraintes. On essaie aussi de travailler une option plus petite et une autre plus grande.

Ce qu'on demande aux gens, au moment du programme architectural, c'est d'essayer de synthétiser en une page quels sont leurs besoins et également de choisir quelques images qui illustrent l'atmosphère, car il ne faut pas s'arrêter aux détails. Un projet d'architecture, ce n'est pas essayer de mettre ensemble les plus beaux détails du monde, c'est vraiment de trouver un parti cohérent et l'esprit du lieu à habiter. Le projet, à partir d'un certain moment, nous guide. La cohérence qui émane du projet se développe et ensemble, l'architecte et le futur occupant, nous le percevons. Les premières semaines d'échanges permettent cette recherche commune. Nous nous adaptons à l'échéancier des gens, mais il faut savoir que l'ensemble du processus, avant de commencer la construction, c'est un minimum de quatre à six mois. Nous ne travaillons pas tous les jours, mais c'est un minimum pour avoir des périodes de réflexion. Elles sont importantes et nous essayons d'ailleurs d'en avoir une à chacune des étapes. Une fois les scénarios développés, nous les soumettons au client tout en allant sur le site. Il peut arriver que l'option optimale ne soit ni l'une ni l'autre, le mélange des deux options peut en créer une troisième.

Une fois que nous nous sommes mis d'accord sur un des scénarios, nous passons à l'étape suivante, soit celle des plans préliminaires. À cette étape, on dessine l'esquisse à l'échelle en positionnant de façon plus précise tous les espaces de la maison. C'est une étape extrêmement importante, car c'est là que se cristallise le projet. C'est à cette étape que l'on va décider de la position finale des ouvertures en fonction du soleil, des vues possibles, que se précisent la hiérarchie des espaces et le choix des matériaux principaux, le type de structure. À la fin de ces étapes préliminaires, les clients ont la maison qu'ils désirent. Nous leur remettons tous les plans, les élévations, une modélisation informatique et une maquette. Nous voulons être bien sûrs que ce que nous avons développé est bien compris par les futurs occupants. C'est un travail qui est assez long, mais c'est à cette étape que nous devons nous accorder un temps d'arrêt. Nous allons sur le site afin de procéder au marquage du projet à l'aide de piquets pour essayer d'apprendre à nous promener

dans les espaces à habiter, comme la salle à manger, le salon, la chambre à coucher, pour comprendre où sont les vues. Un temps de réflexion est alors nécessaire afin de vérifier si les plans soumis correspondent à la maison souhaitée.

L'étape suivante est celle des plans pour construction. Nous précisons tous les détails de construction s'adressant à l'entrepreneur et à son équipe de sous-traitants. Nous coordonnons le travail de l'ingénieur en structure. Le choix des matériaux se finalise à cette étape. Nous préparons un document qui nous permettra de faire la demande de prix auprès des entrepreneurs. Dès la fin des plans préliminaires, nous sommes déjà en mesure de trouver un entrepreneur avec qui nous aimerions bâtir la maison. Faire un projet d'architecture, c'est matérialiser un rêve. Une des parties importantes, c'est trouver l'équipe avec qui nous construirons la maison. On peut distribuer des plans à des constructeurs qui nous ont été recommandés pour voir si le projet leur convient. Ils doivent avoir le goût autant que nous de réaliser le projet et une équipe dédiée restera en place tout le long du processus. La collaboration étant un élément essentiel, le rapport doit être constructif afin de réaliser le projet dans les meilleures conditions. Il y a un coût relié à tout projet; ce n'est pas nécessairement l'équipe la moins chère qui est la plus qualifiée. La meilleure équipe, ce sera celle que les propriétaires auront beaucoup de plaisir à côtoyer tout le long du processus et qui mettra tout son cœur dans la construction de la maison désirée. On ne réalise pas avant de commencer le nombre de décisions qu'il y aura à prendre ensemble.

Une fois l'équipe de réalisation trouvée, on entreprend l'étape suivante, qui est celle de la surveillance des travaux. Je pense que c'est l'étape la plus variée. La principale différence provient du degré d'implication du client. Certains optent pour la formule avec un entrepreneur général, qui est la façon la plus traditionnelle de bâtir une maison. L'entrepreneur général demeure le responsable du chantier, le client et l'architecte supervisent et s'assurent qu'il effectue les travaux en conformité avec les plans et devis pour construction qui ont été établis par l'architecte. Une autre formule est de trouver un entrepreneur qui fera les travaux à un taux horaire et qui coordonnera le travail des sous-traitants. Cela demande un suivi plus serré de la part du propriétaire et de l'architecte de façon à s'assurer qu'il n'y ait pas de perte de temps. Il est alors plus facile de faire des modifications en cours de processus. Cette façon de faire est intéressante pour quelqu'un qui veut bien suivre le projet. L'autre option, c'est que le propriétaire agit comme gérant de construction, c'est-à-dire que c'est lui qui trouve l'entrepreneur pour la structure principale et il engage les sous-traitants. Il faut avoir une disponibilité beaucoup plus grande, mais une économie de l'ordre de 15 à 20 % est possible si le propriétaire est rigoureux. Si quelqu'un le désire, diriger un chantier est une très belle aventure, mais elle est exigeante. Certaines des personnes avec qui j'ai fait ces projets de maisons ont opté pour cette formule, mais ils n'avaient pas tous tenu compte de la très grande demande en temps que cela exige.

Ce qui est évident, c'est que durant cette étape on peut prendre du temps, ce qui permet de bonifier le projet en cours de processus. Il y a l'étape numéro un : creuser et couler les fondations, ce qui permet de bien comprendre comment on s'installe sur le site. La deuxième est celle de l'érection de la structure. À ce moment, on doit être bien sûr de toutes les dimensions. Avec les structures, on découvre les volumes. Avec les planchers, on peut accéder aux étages, alors cela permet de modifier une position de fenêtre, au besoin, en fonction des vues que l'on découvre. Si, par exemple, un espace semble trop petit ou trop grand, on peut encore facilement modifier des choses. La maison nous pousse à faire les bons choix, on apprend à l'écouter. C'est une étape qui est fascinante, car de semaine en semaine, la construction évolue et on se rapproche du moment où le lieu pourra être habité. J'ai moi-même, pendant mes chantiers, fait une pause en cours de route pendant laquelle on a utilisé la maison pour y faire un séjour de quelques heures, pour y pique-niquer, pour déjà apprivoiser le lieu et comprendre si le rapport entre l'intérieur et l'extérieur correspondait au dessin initial.

ENTRETIEN ENTRE PIERRE THIBAULT ET SOPHIE GIRONNAY

S. Gironnay – À quand remonte ta vocation pour l'architecture ?

P. Thibault – J'ai toujours aimé construire des abris. J'étais l'enfant aux mille cabanes ! Tout était prétexte. C'était partout : l'hiver, dans la neige, je faisais des forts. Comme j'étais le premier d'une famille de sept, je réussissais même à jouer les entrepreneurs, j'avais de l'aide pour découper les blocs et faire l'assemblage.

SG – Étais-tu curieux de la manière dont les abris que tu créais seraient utilisés par les autres, déjà ?

PT – Le plaisir était plus dans l'imaginaire et le faire que dans le fait d'en profiter. Mais puisqu'on aborde cette question de l'usage, je me souviens d'avoir observé combien les adultes pouvaient changer, selon le lieu où ils se trouvaient. Mon grand-père avait un atelier dans la grange qui était près de sa maison. Quand c'était le temps de partir dans son atelier, il s'illuminait. J'étais tout petit, je me rappelle. On faisait coulisser le portail, puis on entrait dans cette structure, cette cathédrale de bois ! La lumière passait entre les fentes… Mon grand-père, pour moi, c'était un héros, il m'emmenait dans son monde. C'était la même chose avec un de mes oncles, qui avait construit son chalet sur une île. Les vacances qu'on passait là-bas, c'était un voyage au paradis… Ces gens, d'habitude ordinaires, devenaient extraordinaires. Les bâtiments qu'ils avaient construits ou ceux qui les entouraient les rendaient autres, les magnifiait, et moi, je me disais : « Mais il va falloir que je fasse ça, un jour, pour avoir accès à ces coins de paradis sur terre… »

SG – Te souviens-tu de l'entrée du mot « architecture » dans ta vie ?

PT – J'ai d'abord joué avec les espaces, puis j'ai vite compris que les gens qui imaginaient des lieux, c'étaient des architectes. Au primaire, déjà, en 2e, en 3e année, j'avais des cahiers que je gardais avec moi en permanence, ma mère les a conservés. Je finissais souvent avant les autres alors au lieu de les embêter, je prenais mes cahiers et je faisais des plans de maison, à l'échelle, bien dessinés. Pour moi, c'était le passe-temps idéal. J'ai commencé en 2e année et j'ai toujours continué. Aujourd'hui, il y a encore du plaisir de l'enfance. Je continue à faire ce que j'aimais faire.

SG – Tu as tout de même suivi une formation !

PT – Avant l'université, ce qui a été marquant, c'est l'année que j'ai passée en France avec ma famille, à l'adolescence. Et avant c'était les longs trajets que nous faisions en voiture, dans tout le Québec et sa campagne. Grâce à la contemplation, je me suis constitué un livre d'observations. Il y avait des endroits que je trouvais très beaux, des lumières… J'étais fasciné par les granges, comment elles étaient placées dans le paysage. J'apprenais à observer comment l'homme avait inscrit le bâti dans le territoire… Puis nous sommes partis en Europe. Et là, tout bascule ! On arrive à Paris, tu vas à la mer, à la montagne. On comprend là que l'architecture est un grand livre d'histoire. Ce que j'appréciais le plus, c'était les petites places. La vie me semblait, à Paris, plus intéressante autour de l'architecture que dedans. L'architecture contribuait à créer des espaces extérieurs qu'on pouvait habiter : la rue, les marchés, les cafés… Par là, tout devenait différent.

SG – Aurais-tu pu te destiner plutôt à la peinture ?

PT – Je ne crois pas. Pour moi, le dessin est un moyen de comprendre les choses, une idée exprimée… J'éprouve le besoin de savoir qu'un jour il passera en trois dimensions. Même si j'ai toujours fréquenté les musées et qu'encore aujourd'hui, je ne pourrais me passer du contact avec les œuvres. Pour moi, ce sont des espèces d'éveilleurs d'idées. J'aime m'inspirer d'une œuvre, qui pourra donner une architecture. Je saisis ce qui me

touche. Je suis encore un peu au paradis de mon enfance. Lorsque je visite une exposition d'un artiste qui transforme mon propre regard, je peux remplir tout un cahier en une journée de visite au musée. Pour moi, c'est un travail mémoriel et de recherche en même temps, de juxtaposition. J'adore revoir ces cahiers-là, ce sont des souvenirs et des condensés d'émotions, c'est très puissant.

SG – Pourquoi n'as-tu pas étudié à l'étranger ?
PT – C'était une époque de ma vie où j'avais à l'Université Laval ce qu'il me fallait pour nourrir ma curiosité. J'ai voyagé, j'ai passé quatre mois en Turquie par exemple. Et puis, à cette époque, l'École d'architecture était située à la bibliothèque et j'y ai passé des journées à lire. Je ne m'attardais pas à chercher un auteur, je passais dans tous les rayons, je crois que c'est avec les livres que j'ai fait à cette période les plus beaux voyages.

SG – Et tes professeurs ?
PT – Ricardo Castro est celui qui m'a le plus influencé. J'étais avec Gilles Saucier, Anne Carrier, Benoît Dupuis en 1ʳᵉ année. Cet homme nous a donné confiance en nous. Et j'y repense lorsque j'enseigne. Ricardo arrivait des États-Unis, il parlait peu le français, mais tout passait par son attitude, sa façon de mettre son bras sur notre épaule en disant : « C'est bon. C'est trrrès bon. » Je pense que la création ne vient pas à coups de fouet et de bâton… Non, c'est un élan qui t'attire et qui te dépasse. Lui nous dispensait cet encouragement qui n'était pas factice, qui te dit lorsque tu t'égares : « rappelle-toi que tu as déjà bien fait, même si en ce moment tu t'égares ». Avec Ricardo, il n'y avait pas cet exercice de la « critique » que je n'aime pas du tout en architecture. Nous, nous présentions nos projets en classe pour montrer ce qu'on avait dans le ventre, pas pour la « critique ».

SG – Tu sembles dire que tant qu'on te laissait dans ton univers, tout allait bien…
PT – Dans le fond, oui, exactement. Un bon professeur, c'est quelqu'un qui t'apprend à trouver les voies qui te conviennent, et qui n'existent peut-être même pas au moment où tu étudies. Il te fournit des cadres, des balises, il te montre comment chercher, il te donne des erres d'aller. Je perçois l'enseignement comme ça.

SG – Tu es donc sorti diplômé en 1982…
PT – Les quatre années qui ont suivi ont été les plus tristes de ma vie. Il y a là une transition à laquelle on ne nous prépare pas. Tu te retrouves dans un petit bureau à faire des projets ennuyants. Tu te dis : « voyons donc, ce n'est pas ça, l'architecture ». On me donnait un projet à faire et je n'avais même pas vu le site : « Ce n'est pas important », qu'on me répondait. Et puis on voulait tout pour demain ! Ce n'était pas un milieu propice pour faire de l'architecture comme je la voyais. Entre ce que je vivais là et l'élan que j'avais à l'école, la création, les conférences, l'échange avec les collègues, les lectures qui nous font découvrir les œuvres majeures et la liberté….

SG – Quels étaient les architectes que tu admirais, à l'époque ?
PT – Mes études se sont déroulées à une période triste pour l'architecture, on nageait en plein post-modernisme. Tout cela avait un air de rigolade et de mascarade. Moi, l'architecture qui m'a toujours le plus impressionné, c'est celle qui atteint la plus grande simplicité et la sobriété.

SG – La simplicité, c'est ce qui vient naturellement ou est-ce que c'est le fruit d'un travail ?
PT – C'est un travail exigeant, mais agréable. J'aime à le répéter :

ment sur une maison individuelle et sur la Maison de la musique de Porto. La maison privée ne s'est pas faite et il a transposé le projet dans la Maison de la musique. Ce qu'on investit dans le résidentiel peut rebondir à une autre échelle et donner un bâtiment public intéressant. Travailler à l'échelle privée nous laisse une très grande liberté et permet des échanges très gratifiants.

SG – Contrairement à bien des architectes qui travaillent à cette échelle, tu ne sembles pas très obsédé par le souci du détail, le choix de telle essence de bois rare ou le dessin du mobilier.
PT – C'est vrai, je crois plus à la cohérence d'un ensemble. J'aime que le détail s'efface. Je ne veux pas, quand on regarde un espace, qu'on s'arrête à tel morceau, je veux qu'on vive l'espace dans son entièreté.

SG – Et sur le chantier, avec les ouvriers, comment cela se passe ?
PT – Je suis sensible à une espèce de poésie du chantier. Ma priorité, au départ, ce n'est pas le détail de construction, comment on placera tel morceau de bois par rapport à l'autre. À celui qui voit comment faire plus simple pour donner le même résultat, je dis bravo. Je suis toujours ouvert à toute idée qui réussit à simplifier, je suis pour l'économie de moyens, l'économie de matériaux. Il y a un principe fondamental, là-dedans, qui est vrai pour beaucoup de formes d'art : si on peut se passer d'un élément, on est mieux de l'enlever. Et je pense que c'est ce que je finis par transmettre à mes clients. Eux aussi finissent par apprendre à aller à l'essentiel, il y a une sorte de transfert de connaissances qui s'opère.

SG – Dans tes projets à plus grande échelle, comment fonctionnes-tu ?
PT – D'abord, on ne peut pas être dans l'urgence. Notre corps entier doit être dédié à une forme de recherche spatiale. J'aimerais faire un parallèle en parlant de l'architecture lente. Le concept est dérivé du *slow food* qui lui-même se définit en opposition au fast food. La restauration rapide, c'est une nourriture que l'on mange à une vitesse accélérée sans vraiment la goûter, dans un endroit inconfortable : elle peut sembler profitable à court terme, mais a des effets toxiques à long terme. Le *slow food* est à l'opposé. C'est une nourriture associée à un territoire, qui fait appel à des produits locaux, qui prend en compte le climat, les habitudes régionales et d'une certaine façon qui s'inscrit dans la culture. Avant de manger, on prend le plaisir de choisir les ingrédients de la cuisine et de savourer un bon repas avec des amis pour passer un bon moment. Cela a des effets positifs sur la santé et procure la sérénité. Il y a des espaces toxiques, mal adaptés, énergivores, qu'on pourrait qualifier « d'architecture rapide ». L'architecture lente se veut porteuse de sens et fait appel à nos sens. C'est une architecture éco-responsable qui va au-delà des logiques quantitatives. C'est un concept qui souhaite s'élever au-delà de l'instrumentalisation (ou logique instrumentale) qui oriente l'existence selon une vision qui valorise production et consommation plutôt qu'une approche plus « holistique » intégrant l'équilibre entre les besoins fondamentaux de la vie humaine et de l'environnement. L'architecture lente demande du temps et se développe selon un processus qui valorise la notion de valeur ajoutée pour la société, et ce, dans une perspective à long terme.

SG – Mais qu'est-ce que c'est, à la fin, que « la qualité de l'espace » ?
PT – On entre dans un espace qui nous absorbe et il nous transforme. Il change presque notre regard au monde. Il change notre rapport au temps, notre rapport à l'espace, il change notre rapport aux autres, et il nous change nous-mêmes. Notre intention, à moi et aux gens avec qui je travaille, est de faire en sorte que le quotidien devienne un peu moins quotidien. C'est important, l'émerveillement. J'ai été émerveillé dans la grange de mon grand-père, puis adolescent en découvrant des lieux comme le Louvre. L'architecture mettait la vie en évidence d'une façon que je n'avais pas vue. Pour moi, c'est l'émerveillement qui doit être recherché. À chaque projet, je me demande : qu'est-ce qui est merveilleux là-dedans ? Et par quels moyens offrir un espace qui fera sortir de la routine ? Dans ma maison, la Grande Galerie, je suis là chaque fin de semaine depuis quatre ans, et jamais je ne me suis senti dans un espace redondant. J'ai

l'impression qu'il m'accompagne dans ce désir de capter le monde de façon tout le temps multiple. Cela me vient de l'enfance, et je veux continuer à m'émerveiller !

SG – Il existe pourtant des gens qui ont des besoins opposés aux tiens, que les grandes fenêtres mettent mal à l'aise ?
PT – Voilà bien l'avantage qu'offre la formidable diversité humaine, comme il n'y a pas une personne pareille, il n'y a pas de modèle obligé. C'est donc nouveau à chaque projet.

SG – On peut même être très surpris, lorsque l'on visite tes maisons, par l'écart d'ambiance de l'une à l'autre.
PT – Mais si tu regardes les plans, il n'y a pas tant de différences, mais on voit s'exprimer un univers spécifique de références. Et puis, on n'aborde pas de la même façon une résidence principale ou secondaire. J'essaie d'être à l'écoute. Il y a place pour s'adapter aux désirs et au parcours de chacun. L'un privilégie sa cuisine, l'autre, sa bibliothèque… Il faut voir comment transcender le quotidien, non pas pour l'annuler, mais pour le magnifier.

SG – Qu'est-ce qu'un bon client ?
PT – Un bon client, c'est quelqu'un qui est respectueux, mais le respect doit venir de part et d'autre. Tu ne peux pas faire un bon projet avec quelqu'un qui ne partage pas un peu les mêmes valeurs que toi. J'échange avec un client, il parle d'une œuvre qu'il a aimée, du dernier film qu'il a vu. Tu comprends ce qui l'attache au monde, où sont ses émotions. Si on n'a pas trouvé le cadrage qui convient à cette personne-là, la discussion va nous forcer à aller plus loin.

SG – Il faut dire qu'au fil de ta carrière, les personnes qui t'ont fait confiance ont souvent été des gens passionnants, Jean-Pierre Perreault, le directeur du Taz Michel Comeau, Robert Lepage…
PT – J'aime participer à ce genre de projets qui intègrent cette dimension de dépassement. Cela m'intéresse, quand quelqu'un va au-delà de sa propre existence. Même à l'intérieur d'un projet de résidence, cela est possible. Les Abouts[1] ou la maison noire sont devenus des expériences de découverte et des lieux de partage pour leurs propriétaires.

SG – Un architecte, selon toi, est-il un homme de métier d'abord ? Ou est-ce en premier un homme de culture ? Après tout, les bâtisseurs de cathédrales n'écrivaient pas de livres.
PT – Pour moi, l'architecte est davantage un homme de culture. Il comprend la façon d'exécuter, oui, mais… Tu ne peux pas partir du particulier pour toucher au général sans être imprégné d'une certaine culture, c'est-à-dire sans posséder ta façon d'aborder le monde. L'essence d'un espace est de nature culturelle ; elle découle de la manière dont on le perçoit selon notre cadrage, dans notre esprit, par rapport à nos références.

SG – Et ton paysage culturel, à toi, quel est-il ?
PT – J'ai des goûts assez éclectiques, de Proust à Kundera, mais je fréquente aussi les voix québécoises comme Jacques Poulin, Robert Lalonde. Il y a là une essence qui nous est propre. Une intensité. Ils sont nourris de la terre.

SG – La création contemporaine, les artistes, c'est important dans notre société ?
PT – Oui, malheureusement la création n'est pas assez valorisée. Dans notre société, les créateurs peuvent sentir vers où se dirige la société et nous aident à la comprendre, avant qu'on arrive à l'analyser de façon rationnelle. « L'artiste se souvient de l'avenir », comme a dit Jean Cocteau. Certains artistes – comme Niemeyer

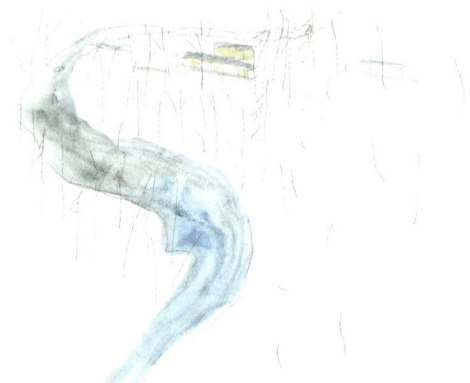

qui résume à lui seul presque un siècle du Brésil – arrivent à être des catalyseurs. C'est arrivé dans la chanson des années 60, ici, ça peut passer par la littérature…

SG – Penses-tu que cela pourra se faire à travers l'architecture, un jour, au Québec ?

PT – Je le souhaite grandement ! L'architecture représente la société, et elle la conditionne, aussi, beaucoup plus qu'on ne le croit. Une société qui s'aménage des lieux d'échanges, des places publiques est une société plus heureuse qu'une société qui se cantonne à ne faire que de la répétition d'espaces privés. Ce sont des centaines et des millions de vies qu'on rend plus faciles ou moins faciles, selon qu'on réussit plus ou moins bien à organiser le territoire.

SG – L'architecte a donc de plus lourdes responsabilités que les autres créateurs ?

PT – Il a une incidence très forte, mais d'autres disciplines artistiques, par le rêve, l'imaginaire, peuvent avoir un impact énorme. Depuis plusieurs années, je crée des installations dans le paysage. Une première série, *Les jardins d'hiver* sur des lacs gelés dans le parc de conservation des Grands-Jardins, transforme notre perception de l'espace et du temps pour un moment éphémère. Hors de la civilisation, avec des skis, des traîneaux, un minimum d'équipement, sans électricité, nous partions, une petite équipe et moi, faire corps avec l'environnement rude, minimaliste pendant l'hiver, un peu comme des acupuncteurs de territoire. Cette forme d'exploration et de recherche se poursuit en des lieux et avec des équipes différentes. Nous poursuivons actuellement *Les territoires habités*. Nous avons implanté, pour une journée, sur les rives du fleuve Saint-Laurent à Baie-Saint-Paul, une série de tiges et de toiles blanches sur une centaine de mètres. L'idée était de capturer « le temps des marées ». L'installation évolue selon l'eau qui monte et le vent. Notre travail d'équipe nous ramène au rythme des mouvements de l'eau. Des journées intenses et immenses à admirer les lumières, c'est découvrir la contemplation et le temps dilaté, comme les moines cisterciens me l'ont fait découvrir. Ce travail exploratoire me donne de l'énergie autant pour l'enseignement que pour les projets d'architecture. Faire des projets passionnants demande de l'énergie, car l'architecture accueille la vie et tente de la rendre plus agréable. Pour chaque projet, on est amené à se concentrer sur un lieu, on l'explore. On essaie de connaître son histoire, de comprendre ses forces, ses propriétés, les habitudes de ses habitants, la vie du quartier. Une contemplation attentive permet de mieux le saisir. Le projet pourra s'y épanouir, devenir une présence bienveillante autant pour son environnement immédiat que pour son quartier. Il devient un élément bénéfique à l'écosystème humain. On conçoit le projet alors comme un système ouvert dédié à la vie de l'homme.

1. Espace résiduel entre deux rangs, résultant d'un découpage cadastral.

JOURNALISTE DE CARRIÈRE, SOPHIE GIRONNAY A FONDÉ ET SIGNÉ LES PREMIÈRES CHRONIQUES HEBDOMADAIRES SUR L'ARCHITECTURE DES GRANDS QUOTIDIENS MONTRÉALAIS (« FORMES » AU DEVOIR ET « FIGURES » À LA PRESSE, 1994-2003). ELLE COFONDAIT EN 2001 LA MAISON DE L'ARCHITECTURE DU QUÉBEC – MONOPOLI, QUI EST L'UNIQUE CENTRE D'ARTISTES AU CANADA DONT LA MISSION EST DE DIFFUSER ET DE STIMULER LA CRÉATION EN ARCHITECTURE. ELLE EN EST LA DIRECTRICE GÉNÉRALE ET ARTISTIQUE ET Y A CRÉÉ, ENTRE AUTRES ÉVÉNEMENTS INNOVATEURS, LES ARCHI-FICTIONS DE MONTRÉAL. SON CONTE *PHILOU, ARCHITECTE ET ASSOCIÉS* (LES 400 COUPS), QUI S'INSPIRE DES CARNETS DE CROQUIS DE PIERRE THIBAULT, LUI A VALU D'ÊTRE FINALISTE AUX PRIX LITTÉRAIRES DU GOUVERNEUR GÉNÉRAL EN 2007.

LES MAISONS SONT BÂTIES POUR ÊTRE HABITÉES
ET NON POINT REGARDÉES. FRANCIS BACON 1561-1626

NEUF MAISONS, NEUF HISTOIRES

1 2 3 4
5 6 7 8
9

1. LA VILLA DU LAC DU CASTOR
2. LA FLOUVE
3. LA GRANDE GALERIE
4. LA MAISON DANS LA FORÊT PRÈS DU LAC
5. LA MAISON ROBITAILLE
6. LA MAISON NOIRE
7. LES ABOUTS
8. LA MAISON GRISE
9. LA GRANDE MAISON – LE MONASTÈRE CISTERCIEN

LA VILLA DU LAC DU CASTOR

La villa du lac du Castor. C'est la véritable première maison que j'ai conçue, il y a 10 ans. J'ai rencontré le client chez une connaissance commune qui avait organisé un repas champêtre avec quelques amis et on avait discuté, comme cela. Je ne savais pas à l'époque qu'il deviendrait un client. Nous nous sommes recroisés dans le courant de l'année, c'est alors qu'il m'a dit : « on songe à faire une maison, seriez-vous intéressé à travailler sur le projet ? » À l'époque, je venais de recevoir le prix de Rome en architecture et donc j'habitais Rome, mais je faisais la navette tous les mois entre le Québec et l'Italie. C'était une période assez fascinante où j'avais pour ainsi dire deux vies. J'ai redécouvert l'immense pouvoir de transformation des saisons au Québec.

Ce client avait acheté un lac en Mauricie, un site qui se trouvait à quelques kilomètres de la civilisation. La première fois que j'y suis allé, j'arrivais tout juste de Rome, nous nous sommes rendus ensemble sur le site, et à un moment donné la route s'arrêtait. J'avais l'impression d'être arrivé au bout du monde et il m'a dit : « c'est là, quelque part, qu'il faut construire ». Je me rappelle que j'étais un peu fatigué à cause du décalage. J'ai d'abord trouvé la forêt tout simplement magnifique et j'ai aussi senti quelque chose d'étonnant, comme une puissance sourde. J'arrivais d'Italie, c'était au mois de mai, lorsque, ici, la végétation commence à nous présenter ses plus beaux verts et que l'on sent la puissance incroyable de la nature. C'était fascinant de voir ces verts qui tout à coup allaient éclore.

Il y avait une construction assez fascinante sur la décharge du lac : une série de barrages de castors. C'était assez beau parce qu'il y avait des feuilles mortes qui flottaient, se déplaçaient tranquillement sur l'eau et allaient se poser sur l'un des barrages. Lors de cette première balade sur le site, découvrir le lac, la petite île, c'était émouvant. Je me suis assis sur un barrage de castors, j'ai fermé les yeux et ce que j'ai entendu, c'était l'eau qui coulait sur la piazza Santa Maria in Trastevere où j'habitais. C'est comme si tout d'un coup mes sens me faisaient voyager et découvrir, entre la culture et la nature, des liens qui ne sont pas rationnels. Le matin, en partant tôt, j'entendais cette eau qui coulait dans la fontaine et là celle qui coulait dans le barrage me faisait voir le lien entre ces deux mondes. Ce n'est pas le côté rationnel du cerveau qui nous donne cette compréhension de l'environnement. C'est vraiment avec tout notre être, tous nos sens qu'on perçoit un lieu.

Les castors avaient également fait monter le niveau du lac, et il y avait plusieurs arbres morts à cause de l'inondation causée par leur travail. Quelques arbres flottaient sur le lac et c'était vraiment comme une image du début du monde, on ne voyait aucune trace de civilisation. On ne savait plus à quel moment de l'expérience humaine nous nous trouvions. Après l'Italie chargée de traces de l'histoire de l'homme, je me retrouvais tout à coup dans un lieu sans traces humaines. C'est là que j'ai senti que le voyage dans le temps que nous fait faire l'architecture à Rome nous était plutôt offert ici par la nature. C'était une visite de découvertes. Il y avait une belle presqu'île qui s'avançait dans le lac. Nous nous étions dit que ce serait là qu'on construirait la maison. Nous avions pris grosso modo les dimensions.

J'étais allé à Rome pour étudier les villas romaines et j'avais lu certains écrits assez étonnants, notamment ceux de Pline le Jeune, qui nous parlaient de l'émerveillement dans ces maisons hors de la cité. À Rome, à cette époque-là, il y avait un vacarme inimaginable. Tout était transporté sur des chariots, alors la ville était extrêmement bruyante. Paraît-il que cela n'arrêtait pas, car comme les rues étaient surchargées le jour, on faisait même le transport la nuit. Alors, les gens qui en avaient les moyens pouvaient s'offrir une villa à la campagne pour aller goûter la plénitude de la nature. Pline a écrit il y a 2000 ans et on a l'impression, quand il nous parle, de reconnaître un paysage. L'homme n'a pas perdu sa capacité d'émerveillement au fil des siècles.

C'est à Rome que j'ai commencé à travailler sur le concept de cette villa. Le client voulait une « cabane en bois rond » contemporaine. C'est important de demander aux gens s'il y a des images qui les habitent. Bien sûr, l'idée n'est pas de les calquer, mais il y a, je pense, dans des images comme celle-là, un désir enfoui qui doit prendre forme. On a un peu le devoir d'aller puiser dans ces désirs secrets qui habitent les gens avec qui on fait ces projets.

Ce qui m'avait vraiment frappé, c'était les arbres; j'ai eu l'impression qu'ils devraient entrer dans la maison. On voulait aussi voir le lac, mais la forêt devenait envahissante. Le concept de ces grandes colonnes, à l'image des arbres qui allaient être parties prenantes de l'espace, autant à l'intérieur qu'à l'extérieur, s'est imposé. Il y avait aussi l'idée que la maison offrirait un sentier à l'intérieur, une richesse d'expériences que nous permet une balade dans la forêt. Longeant la paroi nord, il y a une piste, un corridor intérieur qui distribue chacune des pièces. La pièce principale, le séjour, a une double hauteur, huit mètres de haut, et est vraiment comme une espèce d'immense clairière. On a d'un côté la salle à manger et, de l'autre, la chambre des maîtres. Chaque espace a des hauteurs de plafond et des proportions complètement différentes. C'est quelque chose qu'on perçoit avec beaucoup de fluidité, comme en forêt : les sentiers resserrés, la clairière qui s'ouvre et se referme. Donc, on a beaucoup joué avec l'image de la forêt, chaque volume était plus ou moins ouvert, plus ou moins fermé.

Je suis alors allé présenter ces idées et manger avec mes clients. Il s'est ajouté une bibliothèque-salle de travail et on a décidé de la positionner au-dessus de la chambre. Donc, d'un côté, en mezzanine sur la clairière, il y a un espace de lecture et de travail. C'est un élément arrivé en cours de route qui agrémente beaucoup le parcours.

Le foyer est devenu un peu l'élément stabilisateur de la maison. Il s'élance sur toute la hauteur et on comprend que toute la maison est attachée à cette masse.

Le concept, c'est un peu comme si on était venu déposer une grande plaque de bois dans la nature et que l'on avait ajouté une succession de cabanes, qui viennent créer une juxtaposition de toits qui débordent du mur extérieur, de façon à créer des abris, un espace protégé. Pour soutenir le toit, on a découvert des arbres, de grandes colonnes qui ne sont pas verticales nécessairement, mais disposées de façon aléatoire. Certaines sont à l'extérieur, d'autres à l'intérieur, et ceci accentue l'idée de la promenade dans la forêt. C'est assez beau, il y a même deux colonnes qui donnent l'impression qu'elles vont s'embrasser, qu'elles forment un couple. On ne sait pas trop si les colonnes ne sont pas des arbres.

Après avoir développé ce concept-là, les clients et moi sommes retournés pique-niquer sur le lieu, et nous avons essayé d'implanter le projet sur la presqu'île, comme on l'avait imaginé. Chose étonnante, avec des piquets, des cordes, des gallons à mesurer, quelques problèmes ont surgi. D'une part, la réglementation nous obligeait à bâtir la maison à plus de 15 mètres du plan d'eau. D'autre part, en délimitant le périmètre de la maison, il y avait toujours à l'intérieur de celui-ci des arbres magnifiques,

que nous ne pouvions nous résigner à éliminer. Le fait de vouloir bâtir quelque part nous faisait voir de façon plus précise la beauté du site. En installant la maison sur la presqu'île, la vision sur le lac était la même depuis chacune des pièces, le lac nous était révélé d'un seul coup et d'une pièce à l'autre on voyait le lac avec la même orientation. En plus, c'est comme si le lac vu de cet endroit perdait de sa magie.

La visite suivante nous a permis de constater qu'il fallait implanter la maison dans un autre lieu. Trouver l'emplacement idéal afin de tirer profit au maximum des qualités du site fut tout un travail d'équipe, car il fallait tenir compte de l'ensoleillement, de la vue sur le lac, des vents dominants pour qu'il n'y ait pas trop de moustiques l'été. Un autre lieu qui, de prime abord, n'était pas le plus intéressant l'est devenu. Il y a une petite île sur le lac. La maison a été placée en retrait. D'une moitié de la maison, on voit l'île, de l'autre moitié, une grande partie du lac n'est pas vue, mais imaginée, si bien qu'on a l'impression que le lac est beaucoup plus grand qu'il ne l'est en réalité. Il y a quelque chose qui reste flou et qui, je pense, participe un peu à la magie de la déambulation.

La maison a fini par trouver, grâce à ces va-et-vient sur le site, son emplacement par excellence pour être en accord avec l'endroit.

On a ensuite fait une maquette, on est retourné sur le site, et on a regardé la course du soleil dans la maison. Et on pouvait voir, grâce à la maquette, les vues possibles depuis la maison. On s'est rendu compte que le soleil de fin de journée, on le préférait plutôt dans la pièce de séjour extérieure. Alors, on a permuté complètement les espaces de la maison, c'est-à-dire que ce qui était à une extrémité est allé à l'autre, on a inversé complètement le plan. La galerie entourée de moustiquaires est devenue ainsi l'un des espaces les plus importants de la maison. Afin de conserver l'idée de la cabane en bois rond, on a créé une palissade constituée de rondins, qui s'inspire du monde amérindien, et qui devient le mur nord et semble abriter la maison et ses occupants.

Depuis l'intérieur de la maison, on ne voit que la cime des arbres, on a l'impression que la forêt nous compose un concerto sans fin. La musique de la nature nous habite, une autre vie s'ouvre devant nous.

LA VILLA DU LAC DU CASTOR

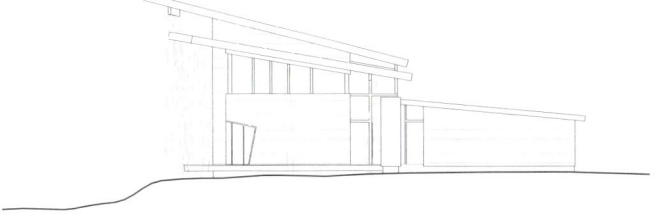

PAR LE
PROPRIÉTAIRE
DE LA VILLA
DU LAC DU CASTOR

À LA SOURCE DE LA VILLA

J'AI RENCONTRÉ PIERRE THIBAULT EN 1997. NOUS AVONS APPRIS À NOUS CONNAÎTRE QUELQUE PART ENTRE UNE FONTAINE DU QUARTIER TRASTEVERE À ROME ET UN BARRAGE DE CASTORS DANS LA FORÊT MAURICIENNE. ENTRE L'ENDROIT OÙ PIERRE A VÉCU PENDANT UN AN ET LE FUTUR SITE DE LA RÉSIDENCE. UN QUELQUE PART OÙ COULE LA SOURCE DE LA VILLA.

Nous nous sommes rencontrés lors d'une fête champêtre. Nous étions à Grondines, dans une maison du début de la colonie. Au fil des discussions, j'ai été séduit par la vision résolument contemporaine de Pierre sur l'architecture. À ma connaissance, Pierre n'avait pas encore construit de résidence privée et ce n'était pas sa récente obtention du prix de Rome en architecture du Conseil des Arts du Canada qui m'a ouvert les yeux. Plus que tout, j'ai été frappé par la sensibilité et par l'écoute du jeune architecte.

Ce fut une rencontre providentielle à l'époque où je réfléchissais à la construction d'une maison de campagne sur un vaste terrain sauvage situé au bord d'un lac encore vierge de planches à dessin. C'est un projet que je voulais concrétiser depuis longtemps et sur lequel j'avais beaucoup réfléchi. Je cherchais à bâtir une maison de bois rond pour rester dans l'esprit des lieux, mais, comme je suis un collectionneur d'art contemporain et un amoureux de lumière, une partie de moi n'imaginait pas vivre entre des billes de bois. C'est en écoutant Pierre que j'ai su que ma « cabane au Canada » pouvait être plus qu'une palissade.

Pour Pierre, il est important d'intégrer l'architecture à l'environnement. Je parle ici du paysage. L'harmonie entre le bâtiment et son milieu, c'est le cœur de sa philosophie. Ce jour-là, dans cette maison du XVIIe siècle, on a parlé de la sagesse de nos ancêtres et d'architecture vernaculaire. Elle nous enseigne la simplicité et la sobriété des lignes. Quoi de plus fonctionnel et simple qu'une grange à foin ? m'a-t-il répété.

Les propos de l'architecte ne sont pas tombés dans l'oreille d'un sourd. Pierre a imaginé une villa dès que je lui ai demandé son aide. Une « villa au Canada » pour briser le cliché. Il fallait être à Rome pour y penser ! Bien que l'on ait encore du mal à parler de « villa » dans la famille – on parle du « chalet » –, je comprends son intention et accepte la dénomination.

Notre terrain d'entente fut trouvé sur les rives du lac alors que l'on cherchait l'emplacement idéal pour construire la maison. Un rien influencés par un sourcier qui nous a indiqué où creuser, nous avons planté les premiers piquets. Après des heures de déambulations, nous connaissions pourtant déjà la source de la villa du lac du Castor. Elle est située au croisement de cette fontaine du Trastevere et d'un barrage de castors. Cette source, c'est aussi l'histoire de la rencontre de plusieurs individus.

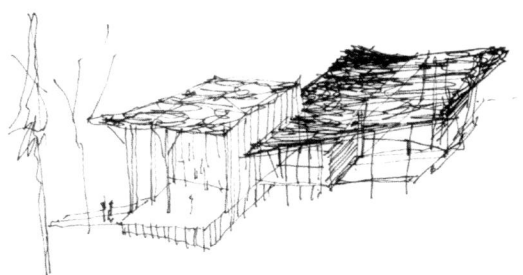

Alors qu'il faisait ses premiers croquis, Pierre était en incessante transition entre l'Italie et le Québec. Lorsqu'il était de passage dans la province, il venait voir le site et trouvait le temps de se laisser imprégner par la lumière, le vent, les odeurs et par les sons de la forêt. Un apprivoisement lent du lieu qui s'accompagnait de longues discussions. Une des raisons du succès de Pierre est qu'il réussit à entretenir un dialogue avec son client. C'est ainsi qu'il arrive à saisir le non-dit. Son écoute permet de faire sortir le meilleur chez son interlocuteur. Un peu comme s'il agissait du révélateur d'une belle histoire. Une rare qualité chez n'importe qui, mais qui s'articule pour l'architecte sous forme de murs, de toits ou de grandes fenêtres. C'est l'artiste en l'architecte.

À la fin des années 1960, j'ai assisté de près à la construction de ce que l'on appelait alors une «maison d'architecte». Il s'agissait d'une résidence secondaire exceptionnelle construite sur le haut d'une montagne. J'avais déjà cette expérience lorsqu'est venu le temps de faire construire ma propre maison. Je connaissais le processus et j'avais une bonne idée de ce que je voulais.

Après plus de 30 ans dans le milieu des affaires, mon langage n'était toutefois pas celui des espaces de vie. Pierre a su utiliser ma sensibilité pour l'art comme base d'un langage commun. Il a traduit le tout avec ses croquis. Tout concordait pour que l'architecte mette en pratique sa vision pendant que je touchais à un rêve longtemps entretenu.

Le défi était pourtant de taille. La construction devait être faite en plein hiver, au milieu d'une forêt et sans infrastructure routière. Il fallait aussi compter avec un défi architectural : l'installation de grands poteaux – à l'intérieur comme à l'extérieur – pour soutenir la large toiture de la maison. Ces poteaux ont tous un angle différent pour mieux s'intégrer à l'asymétrie naturelle de la forêt. Pour relever ce défi, il a fallu compter sur un véritable esprit d'équipe.

La période de la construction fut un modèle d'entente pour tous ceux impliqués dans le projet. Je pourrais en faire une longue liste. Je me limite ici à nommer Vadim Siegel, de l'équipe de l'architecte et constamment sur le chantier, René Desjardins, le designer d'intérieur dont la finesse et le souci du détail n'a d'égal que l'inspiration infatigable, et Réjean Désilets, l'entrepreneur en construction, dont la sensibilité et l'intelligence ont permis le succès qu'est la villa aux yeux des critiques. On se répète souvent que l'expérience a été inoubliable.

JE M'ABREUVE DEPUIS DOUZE ANS À LA SOURCE DE LA VILLA. C'EST UNE SOURCE QUE JE SAIS INTARISSABLE PARCE QU'ELLE PROVIENT D'UN PHÉNOMÈNE IMMUABLE : LA RENCONTRE HEUREUSE DE DIFFÉRENTES SENSIBILITÉS HUMAINES.

LA FLOUVE

J'ai rencontré madame Bissonnette et monsieur Cardinal il y a déjà plusieurs années, au moment de l'inauguration du Musée d'art contemporain de Baie-Saint-Paul, que je venais de compléter avec madame Françoise Labbé, qui en était la directrice à l'époque.

Je les avais déjà entrevus quelques fois dans les galeries d'art et les musées et je les savais passionnés par la culture, l'art contemporain, la littérature et les livres en général. Le hasard a bien fait les choses, nous nous sommes retrouvés à la même table après l'inauguration du musée et nous avons pu échanger nos idées. La discussion s'est engagée naturellement sur l'art et l'architecture. J'avais à l'époque le sentiment qu'il existait un décalage entre la société québécoise et l'architecture qu'elle produit. Je crois que, depuis, ce décalage s'est peut-être amenuisé, mais il demeure. Les projets que nous réalisons nous sont propres, ce qui attire l'attention à l'échelle internationale, mais je pense que comme société nous avons les talents permettant de produire une architecture de plus grande qualité, une architecture qui répondrait encore mieux à notre environnement, à nos paysages et à nos villes et qui serait aussi encore plus intégrée dans un processus de développement durable. Enfin, cela a été une discussion, je dirais, très animée et intéressante.

Quelques années plus tard, madame Bissonnette m'a contacté pour un projet personnel. Il s'agissait d'une maison ancestrale, datant de 1811 pour être précis, que monsieur Cardinal et elle venaient d'acquérir et dont ils souhaitaient faire leur résidence permanente. Cette maison, qui était réduite en dimension, était située sur un chemin de l'île de Montréal, non loin de l'eau.

Dans un premier temps, nous sommes allés manger ensemble dans un restaurant situé à proximité de la maison qu'ils venaient d'acquérir. Déjà, l'attachement, je dirais même la tendresse, que madame Bissonnette et monsieur Cardinal portaient à cette maison était perceptible. Bien que n'y résidant pas, ils l'habitaient réellement. À l'intérieur, leurs habitudes étaient déjà palpables : le coin lecture, les lampes, des journaux, le jaune des murs, autant de premières touches d'appropriation. Ils aimaient leur nouvelle maison, ils la cajolaient.

J'ai tout de suite été séduit par l'histoire de cette petite habitation qui, d'abord studio d'écriture, allait devenir une véritable maison. Madame Bissonnette m'a raconté une visite dans une grande demeure en France où elle avait été séduite par une bibliothèque qui s'élevait sur une double hauteur et qui lui avait donné l'impression d'être enveloppée par les livres. Cela avait été pour elle, une passionnée de littérature, une sensation mémorable et elle se demandait s'il y avait une façon d'introduire ou de traduire cette perception particulière dans le projet.

Lors de cette première rencontre, les clients m'ont aussi demandé s'il était possible d'agrandir la maison au moyen d'un ajout arrière réalisé dans l'esprit de la maison ancestrale. J'ai préféré leur dire tout de suite que je pensais qu'il était mieux d'opter pour une construction contemporaine distincte et de restaurer la maison ancestrale pour qu'elle retrouve son caractère d'origine. Ainsi, ils auraient la possibilité de s'offrir un voyage dans le temps et de passer du 19e siècle au 21e siècle en allant de l'ancienne partie à l'aile contemporaine.

Je suis retourné sur le site à quelques reprises pour dessiner. J'ai, dans ce cas-là, souvent fait des croquis directement sur le site parce qu'il était assez complexe dans la mesure où la maison était parallèle au chemin, mais en angle par rapport au terrain. La nouvelle partie, pour sa part, devait être parallèle à la ligne de lot pour tirer profit de l'ensemble du terrain. Il y avait donc là une articulation qui était difficile à maîtriser. De plus, il y avait des arbres matures sur le terrain que nous souhaitions préserver. Il fallait donc bien manœuvrer et faire en sorte que la nouvelle partie semble s'être introduite tout doucement dans ce paysage urbain avantageusement ouvert sur un parc. À cela s'ajoutait le défi de laisser vivre l'ancienne maison tout en offrant des lieux de vie lumineux.

Avec les membres de mon équipe, nous avons évalué différents scénarios. Rapidement est née l'idée de créer une aile contemporaine à l'arrière de la maison ancestrale et de relier les deux parties par un passage vitré permettant la transition entre les 19e et 21e siècles. On toucherait de cette façon-là le moins possible à la maison ancestrale et on créerait comme un cordon ombilical entre la maison mère et sa grande fille. La maison ancestrale, qui garderait ainsi ses caractéristiques intrinsèques, logerait un salon au rez-de-chaussée et l'atelier d'écriture à l'étage, alors que l'aile contemporaine permettrait aux espaces de vie de profiter de tout le confort moderne. La pente du terrain, descendante vers l'arrière, permettait de dégager le sous-sol de la nouvelle aile, pour qu'à son extrémité, au nord, il soit entièrement hors sol et procure au projet un étage supplémentaire habitable. Cette élévation donnait sur un boisé, il nous semblait donc naturel d'en faire une paroi entièrement vitrée qui procurerait une grande luminosité et une vue imprenable sur les arbres matures du boisé.

Je gardais par ailleurs toujours en tête la bibliothèque ouverte sur plusieurs étages. La proximité du voisin ouest requérant une certaine intimité, j'ai eu l'idée de créer un mur bibliothèque de ce côté, un mur rempart, un mur protecteur. Ce mur bibliothèque, solidement ancré, s'élèverait sur trois niveaux. Ce serait le mur du savoir. De petites incisions, travaillées un peu à la façon des travaux géométriques de Mondrian, y créeraient des boîtes lumineuses, sortes de cabinets de curiosités découpés dans la bibliothèque où trouveraient place quelques œuvres d'art. En détachant les planchers de la façade de verre qui donne sur le boisé, je dégageais ce mur bibliothèque sur trois niveaux et j'obtenais une bibliothèque visible de tous les étages, intégrant ainsi l'image de celle découverte par madame Bissonnette il y a de cela quelques années.

Une fois ces composantes de base établies, il fallait trouver la façon idéale de placer et d'organiser les espaces du projet, toujours dans l'idée de créer de la diversité. Naturellement, la chambre principale a pris place à l'étage de la nouvelle aile avec un petit coin pour la lecture, le séjour, la salle à manger et la cuisine, au rez-de-chaussée et, au sous-sol, un lieu de consultation des ouvrages d'art ouvert sur le boisé.

Le lien entre les deux ailes, ou cordon ombilical, est vite devenu structurant pour créer de la diversité. Si, au début, il devait servir d'entrée et d'aire de circulation entre les deux parties, nous avons eu l'idée de le prolonger et d'y insérer la cuisine et de créer un coin-repas à son extrémité nord.

La toiture de ce lien est naturellement devenue une terrasse qui permet, depuis l'étage de l'aile contemporaine, d'accéder à la maison ancienne par l'extérieur. Cette terrasse offre une longue déambulation le long de l'aile contemporaine et aboutit sur une autre petite terrasse, localisée au-dessus du coin-repas. Elle offre donc plusieurs possibilités de contemplation du paysage.

Tout le corridor, qui est localisé sur la face opposée à la bibliothèque, est entièrement fenestré, alors, quand on se promène dans la maison, on a presque l'impression qu'on marche dehors. Dans la nouvelle partie, on peut donc passer toute la journée dans la lumière naturelle et ensuite, le soir, retrouver dans la maison ancienne les poutres et les appareillages de bois pièce sur pièce qui sont tout à fait authentiques.

Pour accentuer encore l'idée d'une bande de verre flottant entre les deux parties de la maison, nous avons décidé de suspendre les marches de l'escalier, qui se trouve près de l'entrée, au moyen de fines tiges métalliques, ce qui donne l'illusion que l'escalier flotte dans l'espace. Cela donne aussi de l'ampleur à l'entrée qui est le carrefour, si l'on veut, entre le 19e siècle et le 21e siècle, ce qui est, je pense, l'un des attraits de la maison.

Aujourd'hui encore, je suis étonné par la perspective qu'on a depuis la maison ancienne sur la maison contemporaine. Le regard traverse les siècles : du 19e, on aboutit au 21e. Le corps qui y déambule le perçoit avec encore plus d'acuité. D'un écrin de bois, on découvre l'environnement qui nous enveloppe et les beaux arbres que nous avons réussi à sauver. Chose étonnante aussi, et que l'on pouvait déjà observer sur notre première maquette, lorsqu'on arrive de l'est sur le chemin, l'extension n'est pas perceptible. Même de face, on ne peut pas savoir qu'une aile contemporaine est derrière la maison ancestrale. Ce travail de volumétrie et un choix de matériaux – parement de planches et bardeaux de cèdres – qui créent un lien de parenté entre l'ancien et le nouveau, ont permis au projet d'être approuvé par le comité d'arrondissement. Compte tenu de la valeur patrimoniale du quartier, cette approbation était déterminante pour sa faisabilité.

Par la suite, la restauration et l'agrandissement de cette petite maison si fragile ont présenté un défi technique peu commun. Il s'agissait entre autres de dévêtir et de soulever la maison ancestrale pour construire de nouvelles fondations et intégrer le contreventement à l'intérieur des murs de la nouvelle aile sans toutefois sacrifier le fenêtrage. Le nombre de décisions à prendre à cette étape surprend toujours par son ampleur. Avec mes collaborateurs, principalement André Limoges et Katerine Mc Kinnon, nous avons donc élaboré les stratégies de construction et préparé les plans.

C'est à Yves Belley, un ébéniste aux allures de philosophe devenu constructeur, que monsieur Cardinal et madame Bissonnette ont confié la délicate tâche de réaliser leur projet. Suivre un chantier, c'est assister à une naissance. À la suite d'une idée, d'un désir, d'une rencontre, d'une intuition et de beaucoup de manipulations, on assiste, émerveillé, à cette apparition. Le chantier de La Flouve fut particulièrement émouvant. La petite maison ancestrale était passablement fragilisée par les années. Je me souviens de la première fois où je l'ai vue, juchée dans les airs. Après que ses lambris plus récents eurent été enlevés, la maison avait pris une teinte rose, si bien qu'on avait presque l'impression que c'était une maison de poupée. Elle avait l'air encore plus petite, plus fragile. Une fois les fondations coulées, le contraste entre cette petite construction dans les arbres et les murs de béton était saisissant. Je me souviens aussi du plaisir manifeste d'Yves

Belley de disposer les colonnes structurales composant son « meuble » à habiter et de la haute silhouette de monsieur Cardinal qui suivait le chantier quotidiennement, avec assiduité.

C'est au moment précis où un projet se concrétise, qu'il atteint sa finalité, qu'il prend vie et devient habité, que nous, architectes, qui l'avons porté dans notre imaginaire, nous devons le quitter. Un jour, Yves Belley est parti avec ses outils. En franchissant le seuil de la maison, je n'étais maintenant plus dans notre projet, mais chez madame Bissonnette et monsieur Cardinal.

Une maison, c'est un environnement qui nous permet de goûter à tous les moments d'une journée, d'une semaine, d'un mois, d'une année… C'est un lieu qui préserve l'intimité, où se développent de nouveaux rituels. Aujourd'hui, cette maison a déjà quelques années et son bardeau grisonnant donne l'impression que les deux composantes vieillissent ensemble, paisiblement, à l'ombre des grands arbres qui les frôlent. J'aime à croire que cette petite maison, qui est devenue une grande maison et qui offre une diversité d'espaces intérieurs et extérieurs peu commune pour une maison en ville, change un peu la vie de madame Bissonnette et de monsieur Cardinal.

LA FLOUVE

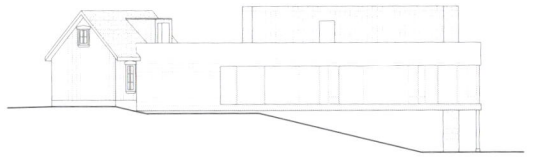
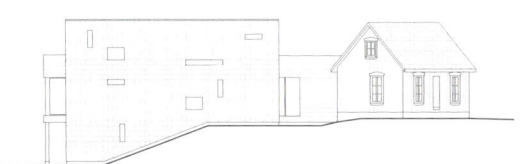

LA FLOUVE

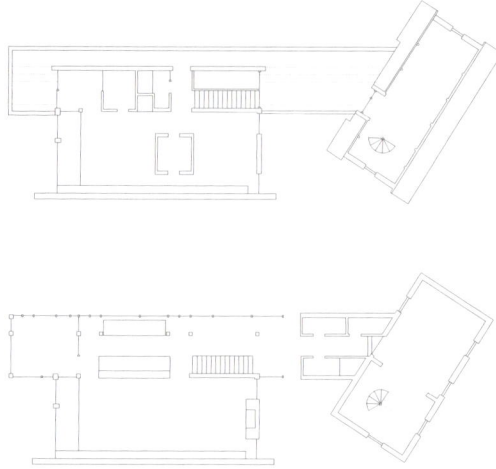

PAR
LISE BISSONNETTE,
AVEC
GODEFROY-M. CARDINAL

LA FLOUVE, RALLONGE DES FAÇONS DE VIVRE

IL FAUT BIEN LE DIRE, GODEFROY-M. CARDINAL ET MOI N'AVONS CESSÉ D'ENTRETENIR DES RÊVES AUTONOMES ET FUSIONNELS À LA FOIS. LA FOLLE DÉCISION DE FAIRE CONSTRUIRE UNE RÉSIDENCE CONTEMPORAINE EN PRENANT COMME POINT D'ANCRAGE LA DEUX FOIS SÉCULAIRE PETITE MAISON BLEUE, VESTIGE DU CHEMIN DU ROY ET LA CÔTE AUTREFOIS DITE « DE MISÈRE », SE PRÉPARAIT DANS LE DÉSIR, CHEZ GODEFROY, D'ACQUÉRIR L'ULTIME ŒUVRE D'ART ACTUEL PARMI CELLES QU'IL A ACCUMULÉES SUR UNE VIE.

La romantique idée d'en faire une maison-bibliothèque remontait à mon bref séjour de 1968 au manoir de Tournus près de la Saône où, un dimanche, le maître des lieux m'avait installée au milieu d'une tour de livres, un chien dormant à mes pieds, une flambée dans la cheminée. Aujourd'hui Gontran, l'immense lévrier irlandais qui partage en prince l'espace de La Flouve a Godefroy comme maître et moi comme copine, il s'étend un peu partout en indolent connaisseur de beauté, il est le tissage entre nos utopies respectives, devenues réalités.

Ce que nous aimons de cette maison, c'est bien sûr sa singularité esthétique, l'instinct du collectionneur n'est jamais loin. Mais c'est surtout, au quotidien, son art de ne jamais habiter les heures pareillement. Aucun endroit n'y est semblable à un autre. On peut lire, par exemple, dans plus d'une demi-douzaine d'espaces différents, selon notre humeur ou la qualité de la lumière dont les jours se suivent et ne se ressemblent pas. On peut s'envelopper dans le cocon toujours tamisé de pièces nées au dix-neuvième siècle – comme par hasard le morceau d'histoire qui inspire une forte part de nos recherches personnelles – mais aussi lancer la journée et la terminer dans une coque de verre et de bois assez vaste pour accueillir le plein déploiement des saisons, blanches, vertes, dorées, grises, ivoire le matin et sépia le soir. Les cloisons n'existent pas mais les lieux différents s'emboîtent en continu, comme nos passions successives, si nombreuses.

Les passants, quand ils découvrent la vaste maison nouvelle dissimulée, du boulevard, par la maison ancienne toute simple dans son écran patrimonial de graminées ou de neige, nous parlent de « rallonge » comme on le disait autrefois à la campagne des pièces raboutées qui grandissaient avec les familles. Ils ont évidemment techniquement tort mais au fond raison. Voilà un lieu, construit, qui a le don d'ajouter des strates au plaisir d'être chez soi. Y entrer n'est pas se retirer entièrement auprès des objets familiers. Tout bouge délicatement et sans cesse aux alentours, où d'autres maisons font l'amitié à celle-ci de se renouveler elles aussi en créant, petit à petit, un coin d'habitat nordique lié à l'hier et paré pour le lendemain. Des dessins, sur une table d'architecte de notre temps, ont en effet abouti à une rallonge des façons de vivre, toujours en quête de mieux et de beau. Ils ont mené à un village.

L'HABITER EST UN PRIVILÈGE.

LA GRANDE GALERIE

Lorsque j'étais enfant, mon père avait acheté une ferme sur la rive sud de Québec, dans Bellechasse. Mon enfance a été bercée par ce va-et-vient entre la ville et la campagne. C'était un rythme que je trouvais très agréable, parce qu'il m'offrait chaque fois de petits voyages. Nous apportions des jouets ou des livres précieux dont nous ne voulions pas nous séparer. Il y avait toujours un choix à faire parce que nous étions nombreux et que le véhicule était petit. Nous avons ainsi été habitués à comprendre ce qui était essentiel à chacun d'entre nous.

Par la suite, j'ai toujours désiré poursuivre ces courts voyages. Au début de la vingtaine, je pouvais faire cette balade entre la ville et la maison que je louais à Saint-François, à la pointe est de l'île d'Orléans, où le fleuve devient pratiquement une mer. J'aimais bien aller marcher dans un paysage avec un large horizon. Ensuite, j'ai eu une longue période de vigilance. Je désirais un beau paysage à habiter. J'ai cherché pendant de nombreuses années.

Le hasard a voulu que nous tombions sous le charme d'une terre, aux limites de Saint-Joachim et de Beaupré, près du cap Tourmente. C'est un site diversifié, avec une vue sur le mont Sainte-Anne et l'île d'Orléans. À vol d'oiseau, il est en ligne droite avec la maison que j'habitais sur l'île d'Orléans. Ma conjointe et moi avons donc vu ce site, mais il n'était pas dans nos prix. Nous avons finalement pu l'acquérir avec un couple d'amis.

Nous avons été propriétaires quelques années avant de pouvoir construire, comme c'est souvent le cas. Mais on ne peut pas empêcher un architecte de rêver. Commence alors une longue période que mes enfants ont appelée la période de visualisation. Nous louions à quelques kilomètres de là un petit pied-à-terre et bien souvent nous allions faire des pique-niques sur le site de notre future construction. Nous y avons même fait du camping pour « goûter » l'endroit.

Notre terrain est un long champ qui descend en pente douce vers le fleuve et est orienté pratiquement plein sud. Le cap Tourmente et les monts adjacents offrent une protection incroyable contre les vents du nord-est. Pour un architecte, concevoir sa maison est un peu plus compliqué, parce qu'il y a dans un premier temps de vastes possibilités. Comme on est le principal agent de conception, on peut se permettre, sachant que l'on a quelques années devant soi, de faire différents rêves. Je crois que le temps est toujours un bon conseiller. Il y a des versions initiales de la maison qui nous semblaient intéressantes que l'on a finalement laissées sur les tablettes parce qu'elles se sont révélées décevantes. Réaliser ce projet a été pour moi d'un grand intérêt parce que j'ai fait le cheminement dans lequel j'accompagne beaucoup de mes clients. J'ai passé moi aussi par les différentes étapes, ce qui m'aide maintenant à les conseiller.

Un an avant de construire, j'ai fait des plans complets d'une version à deux échelles différentes : une version compacte, ce que l'on fait assez souvent, et une version plus grande. J'ai ensuite demandé des prix à des entrepreneurs pour être certain du budget de construction de la maison. Mon équipe et moi avons depuis affiné nos connaissances et on peut, sans avoir à demander à un entrepreneur, connaître le prix de la maison.

Au départ, comme les premières maisons que j'ai conçues étaient hors normes, les constructeurs me disaient que le coût au mètre carré serait plus élevé. Ce que j'ai réalisé avec les années, c'est que pour construire une maison, une certaine

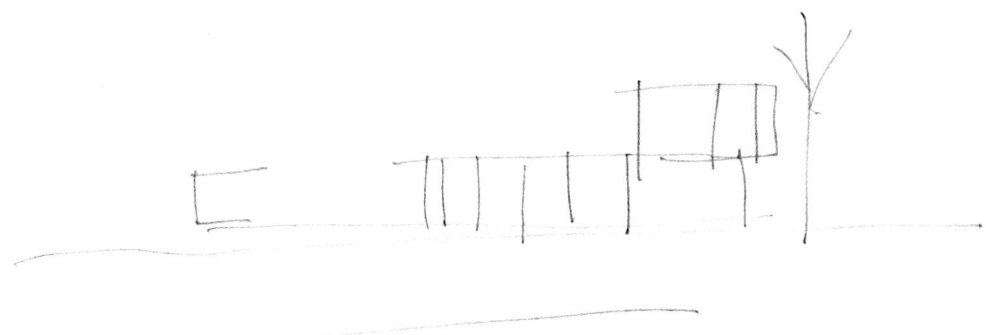

quantité de matériaux et de temps est nécessaire. Que l'on construise une maison conventionnelle ou une maison plus contemporaine, on arrive à peu près au même coût. Cela m'a conforté dans mes choix et j'ai fait profiter les clients de mon expérience.

Nous voulions une petite maison d'environ 150 mètres carrés hors sol, à laquelle devaient s'ajouter de larges galeries et bien sûr une grande pièce habillée de moustiquaires. Nous souhaitions aussi que chacun de nos deux enfants ait sa chambre, nous voulions une chambre pour les parents, un grand espace à vivre, salon et salle à manger regroupés, une bibliothèque, une salle de bain, un hall et un espace pour que les enfants puissent inviter leurs amis, communément appelé la salle de jeux. C'est intéressant de voir qu'au moment où nous avons commencé à réfléchir à la maison, nos enfants étaient au début de l'adolescence, et aujourd'hui ils en sont à la fin. Faire un projet de maison, c'est regarder le futur, et même intégrer les enfants dans le processus. On a donc fait quelques versions. Je pense que c'est toujours mieux de laisser porter les choses. Nous nous sommes mis d'accord sur un rez-de-chaussée d'environ 80 mètres carrés. L'image que nous avions en tête était celle d'une maison déposée dans le champ. Rapidement, on a vu un volume assez allongé. Dans ce paysage, l'horizontale est devenue l'élément structurant.

À l'image de la maison des Abouts sur laquelle j'avais travaillé au moment où on avait acquis le terrain, j'imaginais une grande galerie, d'où le nom de la maison, sur laquelle on venait déposer un loft, c'est-à-dire un grand espace comprenant en enfilade la cuisine, la salle à manger et le salon. Je voulais aussi ouvrir au maximum cet espace sur le sud pour profiter de l'énergie solaire passive et de la vue sur le Saint-Laurent. Du coté nord, on a créé un bandeau à la hauteur des yeux qui nous permet de voir le mont Sainte-Anne en hiver; l'été, les feuilles nous le dissimulent. À certains moments, avec des lumières favorables, on peut voir complètement à travers la maison.

Notre espace à vivre commun était bien pour tout le monde. Ensuite, nous nous sommes dit qu'à l'étage nous pourrions avoir les chambres, une bibliothèque et une salle d'eau. Mon garçon, qui était un tout jeune ado à l'époque, m'a rappelé que dans quelques années il y aurait probablement quelqu'un dans sa vie et qu'avoir toutes les chambres en haut n'était peut-être pas la meilleure solution. Il nous a donc convaincus de déplacer sa chambre et celle de sa sœur au sous-sol. On a donc travaillé pour que ces chambres soient bien éclairées. Le volume qui leur était destiné au premier étage s'est transformé en une grande terrasse avec une vue imprenable. Le programme est devenu très clair à ce moment-là. Les enfants s'en allaient en bas, avec leurs chambres, leur salle d'eau et leur salle de jeux. Les adultes restaient à l'étage avec leur chambre, leur salle d'eau et leur bibliothèque. Tout est devenu extrêmement simple. Le temps permet de simplifier les choses.

Pour ce faire, on a demandé l'aide de Réjean Désilets, avec qui j'avais déjà réalisé deux projets. J'étais heureux qu'il veuille bien se déplacer près du mont Sainte-Anne pour y passer une bonne partie de l'été. On a commencé la construction au mois de mai. On a fait creuser les fondations. C'est fascinant au départ, car on a toutes sortes de sensations. Quand on creuse le trou, on a l'impression que la maison va être gigantesque. Avec les fondations, on a l'impression que la maison va être minuscule. Il y a un moment que j'aime particulièrement, c'est quand la maison a seulement ses planchers et les colombages qui constituent les

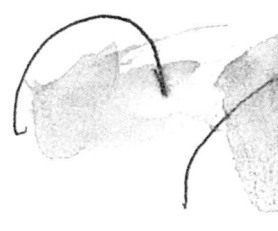

murs. C'est à ce moment-là que l'on découvre la légèreté du bois. La maison est magnifique. Le toit, le plancher de l'étage et celui du rez-de-chaussée sur la fondation, avec les petites membrures de bois très effilées, nous laissent voir au travers de la structure. Je pense que c'est le moment le plus merveilleux et le plus joyeux de la construction. C'est à cette étape que l'on découvre chacune des pièces avec ses proportions réelles. On peut se balader dans la maison, mais elle n'a pas encore de véritables murs. La maison nous apparaît immense et presque sans limites, tout en ayant un périmètre un peu virtuel.

Pendant cette étape du chantier, il faut être présent. Le soir, si on peut y être la semaine, ou au moins la fin de semaine, quand l'entrepreneur arrête et nettoie le tout, il est important d'aller passer du temps dans cette structure. Cela nous a permis de modifier un peu certaines positions de fenêtres. Nous nous sommes rendu compte que nous avions une vue exceptionnelle à l'est sur le cap Tourmente. On a fait ajouter une fenêtre sur le mur est dans la chambre et deux autres du côté sud et ouest, dans la bibliothèque à l'étage. Je pense que c'est ce qu'il faut faire à ce moment-là, s'assurer que les ouvertures sont bien placées. On peut aussi vérifier qu'on n'a pas fait fausse route en ce qui concerne les dimensions de certains éléments.

L'idée du rez-de-chaussée était assez agréable. Contiguë à l'espace à vivre, il y avait cette « pièce moustiquaire » et au centre il y avait un bloc foyer. Initialement, on pensait pouvoir utiliser le même foyer à l'intérieur et à l'extérieur, mais ce n'était pas possible. On a plutôt deux foyers dans une même masse de pierre. De part et d'autre, il y a des portes. En été, on peut ouvrir toutes les portes et obtenir un seul grand espace. On a un foyer à âtre ouvert à l'extérieur et un foyer à âtre fermé à l'intérieur qui participe au chauffage pendant la saison froide. Nous avions évalué les coûts avec l'entrepreneur et c'est simplement en ce qui concerne la maçonnerie que l'on a eu un dépassement, mais nous sommes bien contents. C'est un ancrage, une présence, des couleurs. On a trouvé de la pierre de silice près de Stanstead, non loin de la frontière américaine.

Au rez-de-chaussée, il y a un bloc central d'un côté la cuisine, de l'autre l'entrée. L'avantage, et c'est bien important dans une maison, c'est cette fluidité, qu'il n'y ait pas de cul-de-sac. Il n'y a que ce volume blanc qui est logé dans le grand ensemble de bois. On a des perspectives de chaque côté. C'est, je pense, un élément extrêmement important pour le confort et pour la convivialité. C'est une maison où on reçoit souvent la famille, les amis proches, on reçoit de grands groupes. Comme il n'y a pas d'impasse, les gens peuvent circuler d'un côté ou de l'autre autour de l'îlot et cela favorise la vie quasi communautaire, le plaisir de recevoir.

Le mois de novembre arrivant, Réjean nous a fait la galerie d'entrée. Nous avons pris possession de la maison en novembre même si tout n'était pas terminé. La première entrée dans la maison, c'est toujours... Comment exprimer cette émotion de se retrouver ensemble, avec la famille et quelques amis proches, dans ce volume où déjà on se sent bien, où on observe le paysage même s'il n'y a presque rien ?

Les maisons dans la nature, c'est l'idée que l'on a besoin de presque rien : alors, on a trouvé un simple petit fauteuil, une table, quelques chaises, et on a habité la maison pour un premier Noël. On a fait brûler les retailles de bois, et on a vécu un premier Noël presque au paradis.

L'hiver, la neige dissimule tous les éléments que l'on a oubliés à l'automne. Initialement, on avait prévu habiter cette maison surtout l'hiver à cause de la proximité des stations de ski. Mais quand est arrivé le printemps, nous nous sommes dit que nous ne pouvions pas partir. Nos fins de semaine, même celles des autres saisons, allaient être tout aussi agréables. On a donc repensé le tout. Nous avons aussi décidé de donner de l'ampleur à la galerie. On a allongé la terrasse à l'ouest, ce qui n'était pas prévu au départ, et on lui a ajouté un petit volume qui sert de bar et de rangement pour les articles de piscine. Entre la « pièce moustiquaire » et ce petit volume, nous avons introduit un petit plan d'eau pour profiter de l'été. Une chose étonnante : comme on voit le fleuve, qui n'est quand même pas si loin, il y a une espèce de lien qui se crée avec l'eau à proximité. Il y a l'eau qui est proche et le fleuve qui est au loin, c'est très agréable ce que cela procure comme sensation. Quant au petit volume, on a l'impression que c'est une portion de la maison qui a glissé sur la terrasse et il vient créer une grande intimité autour de ce plan d'eau.

Nous avons pu, dès le printemps, profiter de la terrasse sur le toit. C'était formidable, car même s'il y avait de la neige au sol, le soleil réchauffait le bois et, en fin de journée, les apéros d'après-ski ont été grandement appréciés. C'est l'idée de la maison, offrir des microclimats et des lieux différents à l'extérieur. C'est une extension tellement incroyable de la maison. D'une certaine façon, la maison est modelée par les saisons. On a besoin de moins d'espace l'hiver que l'été. C'est comme si on se compactait en hiver et qu'on se dilatait en été. C'est à ce besoin estival d'espace que répondent la « pièce moustiquaire », les grandes terrasses : on peut s'étirer vers l'extérieur.

Nous avons la terrasse à l'étage, la terrasse à l'est, la terrasse dans le prolongement de la « pièce moustiquaire », « la pièce moustiquaire » elle-même, des espaces autour du petit cabanon, et comme la terrasse s'évase, nous avons aussi une immense table de Viking qui nous permet de recevoir bien du monde. Nous avons plusieurs tables à l'extérieur, ce qui nous permet de profiter au maximum de la belle saison. Comme nous avons un foyer à l'intérieur de la « pièce moustiquaire », nous pouvons facilement la chauffer. Elle devient une pièce trois-saisons. On attend chaque printemps avec beaucoup d'impatience pour la retrouver.

Cette maison, d'abord conçue pour être habitée quelques fins de semaine par année, est devenue incontournable. La semaine, lorsque nous sommes débordés, nous pensons au vendredi et à notre refuge où nous pouvons devenir d'autres personnes, plus en accord avec la nature. Le temps, lui aussi, se dilate chaque fin de semaine. Chacune devient un temps entièrement disponible pour la contemplation, la famille, les amis. La maison est devenue un havre où il est facile de vivre, facile de recevoir, et où la vie s'écoule à un rythme qui est celui qui nous semble le meilleur.

LA GRANDE GALERIE

52

LA GRANDE GALERIE

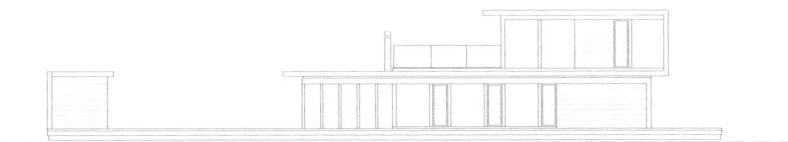

LA GRANDE GALERIE

PAR
LINE OUELLET

LA MAISON, UNE AMIE
LA GRANDE GALERIE, BEAUPRÉ, AOÛT 2009. TANT DE CIEL. DEVANT MOI, UN HORIZON PANORAMIQUE MOUTONNÉ DE BLANC, DE BLEU ET DE TOUTES LES NUANCES DE GRIS, JUSQU'AU NOIR. UN CIEL QUI PROMET LE BEAU TEMPS, MAIS QUI GARDE ENCORE LES TRACES DE L'ORAGE. ET LE FLEUVE QUI LUI RÉPOND EN CAPTANT LA LUMIÈRE DU SOLEIL AVANT MÊME QU'IL N'APPARAISSE. LE CAP TOURMENTE, LE MONT SAINTE-ANNE, L'ÎLE D'ORLÉANS ACCROCHENT DES FILETS DE NUAGES QUI DÉCOUPENT LEURS PROFILS. LES CHAMPS, DEVANT, BRUISSENT DE GRILLONS ET D'INSECTES ENFOUIS DANS LES ONDULATIONS DES HAUTES HERBES, TANTÔT DORÉES, TANTÔT VERTES.

Le temps s'écoule ainsi, entre ciel et terre, tandis que je suis assise sur l'une des terrasses – la terrasse est – de la Grande Galerie. Les maisons se prêtent si souvent à « faire des choses ». Leurs pièces ont d'ailleurs des fonctions. La Grande Galerie et l'ensemble des résidences conçues par Pierre invitent aussi à ne « rien faire », à contempler le paysage dans lequel non seulement elles s'intègrent, mais surtout qu'elles mettent en valeur, en multipliant les points de vue, les contextes, les cadrages, les enchaînements, au fil des saisons, de la course du soleil et du temps qu'il fait. Comment ne pas s'en réjouir, ne pas en jouir ? Elles forcent la contemplation qui devient une « activité » essentielle de leurs résidents.

Une maison, une âme
J'aime penser que chacune d'elles a une âme, née de la rencontre du vocabulaire de l'architecte, de la personnalité des propriétaires et des forces du site. Généralement, les gens vivent « dans » une maison. À la Grande Galerie – comme je le suppose aux Abouts, à la Flouve et à la villa du lac du Castor – je vis « avec » une maison, comme je vivrais avec une amie qui n'aurait de cesse de vouloir me plaire en distillant la lumière du couchant sur l'îlot de cuisine, en découpant un ciel étoilé dans la fenêtre de ma chambre, en déroulant dans les pièces communes un champ tout blanc battu par le vent et les bourrasques de neige, en m'offrant une vue sur les îles de Montmagny depuis ma terrasse à l'étage… Je pourrais continuer ainsi sur des pages et des pages, tant cette amie regorge d'imagination dans les bonheurs qu'elle me procure en tout temps. Parce que, malgré son immobilité ancrée dans le bois, le verre et la pierre, la maison s'anime, se transforme, au gré de la lumière et de la nature avec lesquelles elle est si intimement liée. Elle prend littéralement vie. C'est sans doute l'une des forces exceptionnelles de l'architecture des maisons de Pierre : à partir d'une construction fixe, rigide, immobile, elles créent des lieux d'expérience, changeants, souples, multiples.

Less is more

Mais comment ? On peut imaginer une armée de moyens complexes pour en arriver à un tel effet ! Tout au contraire. Pierre a fait sienne depuis longtemps cette expression de Mies van der Rohe : « *Less is more* ». Son vocabulaire puise à deux grandes sources. Il respecte les grands préceptes de l'architecture moderne : simplicité des volumes, clarté du plan, dialogue des espaces intérieurs et extérieurs, rapport direct avec les usagers, sans grandiloquence et prétention. Il s'inspire aussi de l'architecture du Québec avec son utilisation du bois en abondance, sa longue galerie qui souvent s'étire sur toute la façade et la pièce entourée de moustiquaires typique de tant de chalets situés près des nombreux lacs et rivières du Québec.

La pureté des lignes de la maison traditionnelle québécoise est une source constante d'admiration avec la courbe souple de son toit, qui vient abriter les entrées avant et arrière, et les proportions élégantes du corps du bâtiment légèrement surhaussé pour donner accès au caveau et allongé pour répondre aux bandeaux des champs. Combien de fois avons-nous admiré ces élégantes à l'île d'Orléans, où nous avons vécu nos premiers étés de couple, et partout au Québec où elles ont résisté à l'épreuve du temps et à l'outrage des matériaux synthétiques ? Combinez ces deux sources d'inspiration avec une sensibilité exceptionnelle au caractère d'un site et une recherche constante du geste le plus simple et le plus juste dans le contexte et vous comprendrez les principales composantes de l'architecture résidentielle conçue par Pierre.

Sous l'apparente simplicité des formes se cache un processus élaboré d'apprivoisement d'un site puis de conceptualisation des espaces en rapport avec les besoins très précis de chacun des résidents. Cette démarche demande du temps – une composante essentielle du travail de Pierre – et une grande complicité avec les propriétaires. L'architecture est un art de commande et sans cette synergie avec les propriétaires, la maison perdrait son âme. Visiter la Grande Galerie, les Abouts, la villa du lac du Castor – ces deux dernières maisons ayant précédé la nôtre et l'ayant également influencée –, c'est voir trois expressions du vocabulaire d'un même architecte, mais aussi trois lieux de vie aussi différents que le sont les propriétaires et les sites. Aucune n'est interchangeable et, pourtant, elles parlent toutes le même langage.

Une villa dans les bois

Je me rappelle ma première découverte de la villa du lac du Castor, alors en construction, la première maison que Pierre a conçue après des années à rêver en maquettes, mais aussi en installations à petite échelle. Le choc de cette rencontre entre un site inouï – un lac privé, de grands arbres – et ces trois volumes sous un toit qui s'élève pour mieux embrasser le paysage m'a tiré des larmes. Oui, l'architecture de Pierre prenait la forme d'une véritable maison et, oui, l'expérience – bien plus encore que je n'avais su l'imaginer – était exceptionnelle. J'étais transportée par une émotion esthétique que seules l'harmonie et la symbiose parfaite entre une architecture et un site peuvent créer. Mon émoi était aussi grand que lorsque j'ai visité pour la première fois la Fondation Maeght, conçue par Josep Lluis Sert à Saint-Paul-de-Vence, où architecture, art et nature dialoguent avec tant de bonheur.

Avec la villa, toute la réflexion de Pierre, après notre séjour à Rome, s'est matérialisée. La nature est notre patrimoine millénaire, comme l'architecture du Panthéon est celui des Romains. Cette première maison rassemblait déjà les caractéristiques principales de son architecture résidentielle : prédominance du bois, volumes simples qui répondent à l'organisation des fonctions, qualité des rapports entre l'intérieur et l'extérieur et la fameuse « pièce moustiquaire » adaptée aux étés québécois qui hésitent entre le soleil et la pluie et qui, dès que l'on s'éloigne de la ville, favorisent l'éclosion d'une variété impressionnante de mouches et de moustiques toujours agaçants et souvent voraces !

Avec la construction de la villa naissait déjà dans notre cœur la Grande Galerie, soit bien avant que nous n'ayons les moyens et le terrain pour la construire. Elle naissait comme un idéal, un rêve qui un jour serait possible.

Les Abouts : comme des oiseaux

La troisième résidence de Pierre à voir le jour, les Abouts (après la Flouve que je n'ai jamais visitée), a beaucoup compté pour nous. Lorsque j'ai eu la chance de visiter le chantier en compagnie des propriétaires, nous étions sur le point de commencer la construction de la Grande Galerie. Après cette visite, nous avons jeté les plans à la poubelle et tout recommencé.

Les Abouts jouent sur la tension entre deux volumes distincts, l'un bas et très allongé, l'autre vertical et carré. Le premier nous permet de nous promener sous les arbres, tandis que l'autre, de l'étage, nous transforme en oiseau volant dans le feuillage alors qu'au rez-de-chaussée les arbres s'élancent de toute leur hauteur. La « pièce moustiquaire » s'ouvre sur le méandre du ruisseau qui serpente sur le site et l'emplit du bruissement de l'eau. Alors que le volume vertical épouse directement le sol, le volume allongé, lui, est posé sur une terrasse qui nous accueille à l'arrivée sous un généreux espace couvert puis longe toute la maison pour aboutir à l'autre extrémité à la « terrasse moustiquaire ».

La Grande Galerie : naître enfin

C'est précisément ce geste d'un volume déposé sur un vaste plateau, près du sol, qui m'est apparu très nouveau dans le vocabulaire de Pierre. Il y avait là la prémisse de la Grande Galerie, notre résidence, qui jusque-là n'arrivait pas à se distinguer des autres malgré tous nos efforts. Et là, soudain, après cette visite et en moins d'une semaine, Pierre a pu dessiner le projet – que nous avons construit à peine un mois plus tard –, et ce, avec tous les détails nécessaires grâce à la longue et patiente étude du site et de nos besoins que nous avions réalisée après des mois de travail. Nos deux enfants avaient d'ailleurs bien hâte que se termine la visualisation et que l'on passe à la construction !

Sans doute est-ce plus difficile de répondre à ses propres besoins qu'à ceux d'un client. Le bonheur que m'a procuré la vision des premières esquisses n'en a été que plus grand tant tout tombait en place avec une simplicité déconcertante. Un grand plateau rectangulaire est posé sur toute sa longueur face au fleuve, en haut d'un champ. Un premier volume contient toutes les pièces de vie commune. Il se prolonge en « galerie moustiquaire », s'interrompt pour laisser place à une petite piscine, puis se poursuit pour devenir un « cabanon-cabine de bain-bar ». Le second volume cubique, beaucoup plus petit, est placé légèrement en porte-à-faux sur le premier et abrite les espaces intimes des parents, tandis que le sous-sol est le secteur des enfants. Du bois à l'intérieur comme à l'extérieur, un mur de fenêtres côté fleuve et côté montagne, un long bandeau de fenêtres, un mur de pierres, autant intérieur qu'extérieur, dans lequel se loge le foyer de la pièce principale d'un côté et le foyer de la « pièce moustiquaire » de l'autre : voilà notre refuge.

J'en suis venue à nommer l'intérieur la maison d'hiver, et maison d'été les galeries, la terrasse avec la piscine, le cabanon et, bien sûr, la « pièce moustiquaire » tant je peux y vivre par tous les temps en été. On peut y cuisiner, y manger, y dormir, s'y réchauffer au coin du feu, s'y rafraîchir à l'ombre ou dans l'eau bleue. Tout comme la tempête de neige envahit la pièce principale l'hiver, l'orage illumine la « galerie moustiquaire » l'été. Et, comble du bonheur, nous adorons les deux spectacles. Cette maison incarne notre amour des saisons qui ne cessent de transformer le paysage au Québec. Nous avons cette conscience aiguë de notre chance unique de voir la nature dans des états aussi variés. Les saisons sollicitent constamment notre capacité d'adaptation et gardent nos sens en éveil. La maison nous permet d'observer longuement cette nature, des levers de lune aux couchers de soleil en passant par toutes les lumières que le ciel sait nous concocter.

La maison nous offre une autre grande joie : celle de partager notre bonheur avec nos enfants, leurs amis, nos familles, nos amis. Nous avons imaginé une pièce commune ouverte pour qu'elle soit conviviale et agréable pour cuisiner et manger en groupe, ce qui ne manque pas de se produire toutes les fins de semaine. On y a accueilli jusqu'à cinquante personnes et pourtant, lorsque nous ne sommes que deux, la pièce reste chaleureuse et de proportions agréables. Nous désirions une résidence à l'échelle humaine qui est d'ailleurs inspirée de la maison traditionnelle de la fin du 19e siècle que possède une de mes soeurs à Sainte-Anne-de-Beaupré. Oui, cette maison a une âme, et comme on s'ennuie d'une amie lorsqu'on la quitte, elle nous manque, et ce, à ma grande surprise, alors que jamais une résidence ne m'a manqué auparavant. Je crois bien que les autres propriétaires des maisons conçues par Pierre vivent la même chose.

Je pensais au départ à une comparaison entre le travail de Pierre et la haute couture, où toutes les tenues sont faites sur mesure. Mais je ne crois pas que cela soit juste puisque ces vêtements ont souvent un aspect « encombrant » qui nuit à la liberté de mouvement du corps. Finalement, je crois que l'idée d'une seconde peau, qui agirait comme une extension du corps pour lui permettre d'enrichir son expérience d'un lieu, serait plus juste. Si j'habite cette maison, elle m'habite aussi, m'habille, me va (comme on le dit d'un vêtement) comme une seconde peau. Plus qu'un simple lieu de résidence, elle exprime des valeurs, une façon de vivre qui nous est propre. Saisir l'essence de la vie d'un lieu, donner forme à des valeurs de vie, voilà le défi que l'architecture de Pierre relève avec brio. Je ne saurai jamais assez l'en remercier.

LA MAISON DANS LA FORÊT PRÈS DU LAC

Le nom de cette maison exprime en fait toute sa symbiose avec un lieu particulier sur le bord d'un lac dans les Cantons-de-l'Est. J'ai rencontré Barbara et Jacques-Hervé pour la première fois à mon atelier. Ils avaient l'air très motivés et emballés à l'idée de réaliser leur projet et d'aménager le site qu'ils venaient d'acquérir. C'est une des dimensions formidables du travail de l'architecte. On rencontre des gens qui ont le désir d'entreprendre quelque chose. Ils ont une énergie communicative. C'est la combinaison des énergies qui nous permet d'arriver à un bon résultat.

Lors de la première rencontre, nous devons expliquer les étapes d'un projet et notre façon de procéder. La rencontre suivante, elle, a eu lieu sur le site parce qu'on ne peut jamais commencer à travailler si on ne l'a pas vu. C'était à l'automne, après la neige. La beauté des arbres était vraiment impressionnante. Je suis toujours étonné de voir comme on a des forêts exceptionnelles au Québec; on trouve de grands merisiers, des érables, des chênes et, tout d'un coup, une pruche d'une délicatesse infinie. C'est merveilleux! Les troncs des arbres étaient sombres, très grands; c'est une forêt mature. Le site est orienté en pente assez forte vers le lac. Et, depuis le lac, la forêt semble encore plus impressionnante parce qu'on se trouve en contre-plongée. Les arbres nous paraissent encore plus hauts. C'est comme si on faisait abstraction de la montée et qu'on voyait seulement la cime des arbres. Il y a aussi de grosses roches qui ont été laissées là par la glaciation et qui sont comme des présences réconfortantes.

Comme le laisse entendre le titre, où devait être posée la maison? Près d'un lac, l'implantation, c'est primordial. On a beau faire la plus belle maison, si elle n'est pas en harmonie avec son site, on perd la sérénité. L'idée, c'est toujours de faire en sorte que la maison devienne un «magnificateur» du paysage dans lequel on vient l'insérer. C'est un travail très subtil, on glisse, on monte, on tasse un peu vers la gauche, un peu vers la droite. À cause du dénivelé, ce fut complexe. Il y avait un petit plateau à un certain endroit, de grands arbres, une roche, un ancien chemin. Comment devait-on positionner la maison?

Avec Barbara et Jacques-Hervé, il s'était développé une belle complicité qui amplifiait le plaisir d'être là, ensemble, à discuter en présence des arbres. La maison est dans la forêt; de certains endroits, on voit bien le lac, d'autres endroits, on ne le voit pas. Il y a toujours un va-et-vient possible, cette espèce de respiration entre le lac et la maison. On va au lac. On va à la maison. Parce qu'on a deux pôles attractifs, c'est comme si on donnait de l'ampleur au site. Au lieu d'avoir la maison sur le lac, on a le lac et la maison. Le fait de déplacer légèrement la maison dans la forêt a créé, tout à coup, un espace entre le lac et la maison. Il est devenu un lieu de déambulation extrêmement riche. Il est primordial d'apprendre à ajouter de la valeur à un site avec une construction.

Nous sommes allés sur le site. Il faisait froid. On n'est pas toujours habitué à l'automne, à la neige. On n'est pas nécessairement bien habillé. C'est fou l'importance de voir le terrain à différentes saisons. On a tendance, si on y va par une journée froide, à se recroqueviller sur nous-mêmes. On voit alors la maison plus compacte. Si on y va quand il fait chaud, on a plutôt l'impression que la maison se dilate. De là l'importance de voir le site à différentes saisons, pour comprendre toutes les nuances. C'est pour cela qu'on dit qu'élaborer un projet prend au moins de quatre à six mois. En six mois, on réussit à voir le site sur trois saisons, ce qui permet de faire des ajustements et d'avoir une compréhension plus juste de l'environnement.

Lors de notre première visite, toutes les feuilles étaient tombées, il y avait une rythmique des troncs, très majestueux, qui se découpaient sur la neige, c'était impressionnant. Mais, en été, on découvre plutôt une masse plus touffue de verts et les troncs s'effacent au profit de cette masse légère. La maison est envahie, comme enveloppée de différents verts. Comment devait-on tailler le vert pour introduire le soleil, pour donner des vues sur le lac ? C'était vraiment un travail passionnant de saisir avec tous les sens ce que ce territoire pouvait nous offrir. Le véritable point de départ a été de trouver l'emplacement. Avec la position de la maison, on élimine des scénarios. On est guidé par le choix qu'on a fait. Et ce choix a été guidé par ce qu'on voulait mettre en valeur dans le site.

Après cette visite, on a eu de belles rencontres à discuter autour de plats délicieux que Barbara avait le don de préparer sans que l'on s'en aperçoive et qui nous donnaient l'énergie pour trouver les bonnes solutions dans les meilleures conditions. Ce projet était composé principalement de deux niveaux. Le niveau supérieur était dédié aux deux enfants, qui avaient besoin de leur propre espace. Le rez-de-chaussée regroupait les espaces à vivre et la chambre des parents. L'espace créé, à cause du dénivelé, est devenu un étage dédié aux amis, à une salle de jeux et à un atelier de peinture et de dessin. C'était les principaux éléments du programme. Il est toujours intéressant de voir où habitent nos clients. J'ai donc rencontré les enfants. On saisit ainsi un peu l'esprit d'une famille, d'une petite communauté.

On a développé deux scénarios pour l'étage. Est-ce qu'il devait être parallèle ou perpendiculaire au rez-de-chaussée, un peu décalé vers l'arrière ou vers l'avant ? On a fait une maquette du site grâce à laquelle on a pu vérifier si la maison ne devait pas être plus proche du lac. On a aussi étudié les deux scénarios. C'est assez fascinant de le faire avec la maquette. On peut, en discutant, déplacer la maison sur le site, ce qui n'est pas facile à faire réellement. J'ai laissé la maquette aux clients en leur disant : « Prenez le temps d'y penser, parlez-en avec vos enfants, vos amis, retournez avec la maquette sur le site si vous en sentez le besoin ».

Nous nous sommes revus à Montréal et les clients ont choisi la solution de l'étage perpendiculaire au lac. C'était le meilleur choix parce que l'étage se projette ainsi très loin, ce qui fait qu'on a l'impression, depuis l'étage, de dominer le lac, on est presque un oiseau. La perception de l'environnement d'un étage par rapport à l'autre est très différente. On est dans la forêt au rez-de-chaussée et tout d'un coup on monte dans cette partie qui s'avance en surplomb et on a l'impression qu'on est en vol stationnaire près du lac. On a des perspectives très lointaines et magnifiques. Aussi, le fait de positionner le volume perpendiculairement dégage la toiture pour faire une terrasse. L'idée initiale a évolué vers une succession de volumes déposés sur un corps principal. L'extrémité est du corps principal est dédiée aux parents. Il y a un escalier qui a été créé pour monter uniquement dans un tout petit volume. Cela me fait penser à un architecte japonais, Tadao Ando, qui a un petit volume bien à lui sur le toit de son atelier, pour aller se recueillir. Jacques-Hervé voyage beaucoup, il est toujours entre deux avions. Il a maintenant un refuge dans sa propre maison. Le deuxième volume, la chambre des enfants, on y accède depuis l'entrée, par un escalier. On a travaillé à faire en sorte que les volumes secondaires soient déposés. On pourrait imaginer que les volumes sont arrivés par hélicoptère et qu'on les a déposés sur le corps principal de la maison.

Le troisième volume est une double hauteur pour le séjour. L'idée était d'aller chercher encore davantage la lumière du sud. On est venu créer un volume qui est une clairière dans la maison pour voir les troncs des arbres sur toute leur longueur et parfois même leur cime. Quand on est là, on est dans un lieu extrêmement singulier. Le surplomb de l'étage supérieur a permis aussi de créer une pièce entourée de moustiquaires en dessous. La « pièce moustiquaire » se trouve à être dans le prolongement de l'entrée et crée une séparation entre la galerie des parents et la galerie du séjour. On peut s'asseoir sur la terrasse de la toiture qui est entre le volume de la double hauteur et le volume des enfants.

On a fait plusieurs modélisations après la maquette. On a choisi les revêtements extérieurs de l'étage et du rez-de-chaussée. Tout de suite s'est imposée, pour l'étage, l'utilisation du bardeau de cèdre. Il pourra grisonner et changer différemment du revêtement du rez-de-chaussée. On a installé deux foyers, l'un dans le prolongement des espaces à vivre et l'autre, dans la « pièce moustiquaire ». J'aime le foyer dans la « pièce moustiquaire » de la grande galerie. C'est devenu pour moi un incontournable. Quand il commence à faire froid en fin de journée, on fait une

attisée et tout s'éclaire. On a la lumière du feu le soir qui se reflète au plafond et on a un espace qui devient plus chaleureux. Et, chose étonnante, la «pièce moustiquaire» retient la chaleur à l'intérieur. C'est la réplique de l'espace de séjour. On y retrouve une table, des fauteuils et même des livres. Elle devient l'espace à vivre de la belle saison, qui en plus permet de sentir ce que peut être une belle forêt près d'un lac.

Pour l'intérieur, il y avait deux visions : on y allait tout en bois ou tout en blanc, comme à la ville. Je les ai un peu dissuadés de reprendre le blanc. Quand on a l'avantage d'avoir deux maisons, il est important de ne pas les faire identiques. Je leur ai donc suggéré le bois. Pour ce faire, on a utilisé un outil très précieux : on a travaillé avec les modélisations. On a fait des tests : tout en blanc, tout en bois. La version la plus intéressante était celle avec les murs en bois, mais qui gardait le volume de la double hauteur tout en blanc pour accentuer l'intensité de la lumière qui vient du soleil. Le mobilier de la cuisine : est-ce qu'on devait le traiter en bois comme le reste du volume ou en contraste ? Là encore, on a essayé différents scénarios. Les modélisations nous ont encore été d'un précieux secours. On a essayé tout en bois : il se perdait dans l'ensemble. On a plutôt voulu le détacher pour garder l'intégrité de la paroi de bois. Tous les éléments ont donc été peints en blanc. Et on a inclus un grand îlot avec une plaque de granite qui est déposée sur une masse de bois, comme une ancienne table de boucher. On a fait les dessins et ensuite les modélisations. On a utilisé le granite pour les foyers et le comptoir de cuisine. On avait des pierres de très grandes dimensions, ce qui a complexifié inutilement la construction. Une plaque de granite de trois ou quatre mètres de long pèse plusieurs tonnes. C'est superbe, mais il faut y penser à deux fois avant d'en intégrer une dans la construction. Le travail s'est fait avec Réjean Désilets et son équipe. C'était la première fois que la construction se faisait en hiver. Cet hiver-là a été très froid, avec beaucoup de neige. Je crois que Réjean a trouvé l'hiver éprouvant.

Les rencontres sur le chantier ont toujours été agréables. Je ne sais pas combien de fois nous avons fait le tour de la maison pour regarder, essayer, déplacer divers éléments. Entre Réjean, Barbara, Jacques-Hervé et à quelques occasions leur fille Chloé, on avait l'impression de s'amuser à trouver la meilleure solution. Des hochements de tête, des sourires, des rires et quelques bras en l'air étaient devenus notre rituel. Il y a bien des choses que Barbara et Jacques-Hervé ont voulu choisir eux-mêmes, je pense par exemple à la céramique de la salle de bain ou même aux appareils sanitaires. Il y a eu un travail de collaboration. Nous n'avons pas d'objection à ce que les clients s'impliquent, au contraire, c'est même un plus. Leurs choix ont été cohérents avec l'ensemble de la maison.

Il y a quelque chose de magnifique dans cette maison. Une fois à l'intérieur, on se sent protégé par la forêt. La maison nous semble un havre dans la forêt près du lac. Assis dans un fauteuil confortable, lors de la dernière visite, à déguster un bon vin ensemble, je n'avais plus le goût de me lever. J'étais bien, très bien.

On a à préservé la nature, d'une beauté incroyable. C'est fascinant : le site était magnifique, mais la maison l'a rendu encore plus beau. C'est une mise en valeur mutuelle : la maison met en évidence le site et le site met en évidence la maison.

LA MAISON DANS LA FORÊT PRÈS DU LAC

LA MAISON DANS LA FORÊT PRÈS DU LAC

LA MAISON DANS LA FORÊT PRÈS DU LAC

la lumière venait du sud
à travers les arbres.

PAR
BARBARA ET
JACQUES-HERVÉ

LE FRUIT DU HASARD ?

NOUS LAISSER LA PAROLE ? C'EST UNE BONNE IDÉE PIERRE, MAIS POUR DIRE QUOI ? QUE NOUS AIMONS CETTE MAISON ? QUE NOUS SOMMES HEUREUX D'Y VENIR, QUE NOUS Y SOMMES BIEN, VRAIMENT BIEN, QU'IL EST TOUJOURS DIFFICILE D'EN REPARTIR ? QUE LE TEMPS S'Y ÉCOULE DIFFÉREMMENT ? MAIS CELA NE VA PAS SUFFIRE… ALORS, DISONS QUE CETTE MAISON DANS LA FORÊT PRÈS DU LAC EST DEVENUE LA NÔTRE BIEN AVANT D'Y HABITER. ELLE EST LE DÉLICIEUX FRUIT DU HASARD : LA DÉCOUVERTE DU LIEU, NOTRE RENCONTRE AVEC VOUS. MAIS ÉTAIT-CE BIEN UN HASARD ?

La première rencontre avec vous à Québec a été déterminante. Comme si nous avions su en passant la porte que ce serait bien avec vous que nous allions faire notre projet : le caractère particulier de la résidence où votre atelier est installé, l'atmosphère de la salle de réunion, la grande table, les dessins aux murs, les petites maquettes en bois… Il y avait dans cet endroit une certaine vision de l'architecture, un mélange de simplicité et d'audace qui nous convenait. Discuter avec vous ce jour-là a confirmé ce que nous sentions. Et découvrir seulement ensuite la beauté de vos projets…

Notre maison dans la forêt près du lac a sa part de rêve : choisir son emplacement sur le terrain les pieds dans les fougères, avec vous souriant en entendant le clapotis du lac, vous voir suggérer debout sur les fondations qu'avec ce soleil-là, à cet endroit-là, il faudrait agrandir la galerie. Elle contient aussi sa part de labeur : rechercher la simplicité, être patient, accepter les compromis. Et la voilà maintenant aboutie, vivante, par l'audace de son plan, la chaleur des essences de bois, ses métamorphoses avec les saisons, son dialogue avec l'extérieur. Merci à vous, Pierre, mais aussi à Réjean et à Julie.

5

LA MAISON ROBITAILLE

J'ai reçu un appel téléphonique de Mme Robitaille, la femme de l'architecte André Robitaille qui a été mon professeur au cours de ma quatrième année à l'école d'architecture. Elle me disait qu'ils songeaient à se départir de la maison que M. Robitaille avait conçue à la fin des années cinquante pour sa propre famille. Cette maison datant de 1959, je la connaissais parce qu'elle est assez unique, c'était un projet avant-gardiste pour ce quartier au sud de l'Université Laval. Mme Robitaille m'avait dit qu'ils avaient pensé à nous pour cette maison avant de l'offrir à d'autres. Il y avait, je pense, derrière cette offre le désir d'assurer la pérennité de cette maison, une pièce maîtresse dans l'œuvre d'André Robitaille.

Cette maison est construite sur un terrain ayant un plan très incliné vers le sud, avec des arbres qui ont maintenant près d'une centaine d'années, ce qui est assez rare en ville. Depuis la rue, elle apparaît tel un petit volume très simple, très sobre, d'un seul étage. On perçoit à peine qu'elle profite du dénivelé pour offrir deux étages côté cour qui, à l'époque, présentait une vue imprenable sur le fleuve et la rive sud. Malheureusement, une construction des années soixante est venue amputer cette vue intéressante.

Ma conjointe et moi avons visité la résidence au mois de mars, par un après-midi extrêmement lumineux de la fin de l'hiver. Mme Robitaille nous a accueillis avec son fils François, lui-même architecte. La majorité des meubles étaient ceux qu'ils avaient achetés au moment de la construction de la maison, ce qui offrait un ensemble très cohérent et reflétait toute l'authenticité des lieux. Je me suis assis dans le séjour, près des grandes fenêtres, j'ai regardé les arbres et cette lumière de fin de journée incroyable et je me suis dit : « C'est ici que je veux vivre ». J'ai réussi à convaincre ma conjointe et les enfants. Mme Robitaille était bien contente de voir qu'une famille allait continuer à vivre dans sa maison. Nous étions à l'étroit dans la nôtre, les enfants étant devenus adolescents. La nouvelle maison, on le sentait tous, allait nous permettre de continuer à vivre de façon plus harmonieuse.

La maison, d'une cinquantaine d'années, avait subi peu de rénovations au fils des ans. Il fallait donc entreprendre des travaux. J'ai encore une fois appelé Réjean Désilets en renfort.

On a fait plusieurs scénarios à partir des plans de la Maison Robitaille. Ce qui était exceptionnel de cette maison, c'est que l'ensemble de l'élévation sud est entièrement fenêtré sur plus de 15 mètres de longueur, autant au niveau du rez-de-jardin où sont les chambres qu'au rez-de-chaussée où se trouvent les espaces de séjour.

Le plan d'origine était extrêmement simple. Il n'y a que deux colonnes dans la maison, la subdivision était faite par un meuble, une longue bibliothèque n'allant même pas jusqu'au plafond permettait de diviser le volume du rez-de-chaussée en deux. Cette bibliothèque dégageait deux espaces de dimensions assez modestes et créait une barrière visuelle entre la façade nord et la façade sud. Dans les premières esquisses que nous avons faites, l'idée était d'enlever ce meuble et de retrouver le volume initial.

La fenestration était d'origine, il y avait 90 sections de verre qui étaient assemblées de façon presque artisanale. En hiver, inutile de dire qu'on ne voyait presque pas dehors. Il fallait changer l'ensemble des fenêtres afin de conserver les menuiseries. Nous avons enlevé les verres anciens puis réintroduit de nouveaux verres dans l'ensemble des cadres. Ceci ne représentait pas un coût exorbitant mais nous assurait une résistance thermique beaucoup plus grande qu'avec le verre d'origine. Le plafond était fait, ce qui était assez curieux, de tuiles acoustiques perforées de petite dimension, soit environ 30cm par 30cm, qui s'emboîtaient les une dans les autres et avaient été endommagées par des fuites d'eau. On en a remplacé ces tuiles par du placoplâtre tout en augmentant la quantité d'isolation. Ces deux modifications ont grandement amélioré l'isolation de la maison.

En supprimant le meuble de subdivision, nous avons gardé simplement l'enfilade cuisine, salle à manger et séjour, ce qui a redonné de l'ampleur à ces pièces de vie. Comme il y avait plusieurs finis de plancher autour du meuble, on a unifié le rez-de-chaussée avec du bois franc, dans ce cas-ci le chêne. On a également récupéré le garage, qui était au niveau rez-de-chaussée. Il était lui aussi entièrement fenestré au sud, avec une petite serre. On n'a rien modifié rien à l'extérieur, la porte de garage demeurant en façade. C'était essentiel pour nous de conserver le caractère de la maison. Ce nouvel espace allait devenir la salle média avec ordinateur, vidéo, musique. Son mur de béton assurait la séparation avec les autres espaces de vie.

Au rez-de-jardin, on a transformé les trois petites chambres en deux chambres pour nos enfants et on a combiné une petite salle de lavage avec un cabinet de toilette pour en faire une plus grande salle de bain. On en a profité pour dégager les colonnes de béton qui étaient dissimulées au rez-de-jardin. On a unifié les finis de plancher comme au rez-de-chaussée, avec le même chêne. On a aussi rajeuni les salles de bain qui représentaient le goût de années cinquante. La majorité des espaces sont tout de même restés au même endroit.

On a conservé à l'extérieur toutes les couleurs d'origine. Les murs principaux sont faits de briques blanches légèrement vitrifiées. Ces dernières sont d'ailleurs peintes avec des couleurs primaires. La maison conservait ainsi ses qualités indéniables et son caractère unique. Fait étonnant, il y a une très grande similitude entre le plan de cette maison conçue par M. Robitaille et celle que je venais de construire avec ma famille à la campagne : une fenestration abondante au sud pour profiter de l'énergie solaire passive, une parcelle de terrain avec des arbres incroyables qui, en été, évitent la surchauffe et servent de brise-soleil et en hiver se dénudent et offrent une vue élargie jusque sur la rive sud du fleuve.

Il est extrêmement agréable de vivre dans cette maison, la lumière du matin vient réchauffer jusqu'à la tasse de café. Cette large fenestration qui s'ouvre sur des arbres magnifiques nous donne une énergie incroyable. Les petits matins ne sont plus les mêmes, je suis comme revigoré par cette intensité lumineuse et par la présence de mes enfants avec qui je partage ce superbe environnement au petit déjeuner. Sur la parcelle arrière de la maison, on a laissé la nature reprendre ses droits, la végétation prend de l'ampleur et ce côté un peu flou est très agréable depuis la maison. On domine le terrain sur le large balcon arrière du rez-de-chaussée, qui devient aérien du côté sud et où on installe le mobilier extérieur pour en faire une pièce supplémentaire pendant la belle saison.

J'ai fait ce travail en collaboration avec Alexandre Bernier et Marie-Noëlle Bergeron, de l'atelier, qui ont assuré le suivi avec Réjean Désilets et ses hommes pour exécuter un travail admirable. Autant habituellement on aime prendre son temps pour la conception, autant cette fois-ci mon travail s'est superposé à celui de M. Robitaille car vraiment cette maison n'avait pas pris une ride au niveau conceptuel. Elle était avant-gardiste. Dans une perspective de développement durable, elle avait des atouts incroyables : une masse de béton pour accumuler l'énergie solaire passive; une partie de la maison enfouie, ce qui limite la déperdition de chaleur par le contact de l'enveloppe avec l'air froid; finalement, une fenestration minimale sur la façade nord. Ce sont tous ces éléments qui nous ont guidé dans la conception de maisons tenant compte des paramètres de développement durable.

Cette maison est un véritable havre de paix; située à proximité de la ville, elle me permet de voyager à pied ou à vélo. Proche de tous les lieux d'enseignement, elle permet à toute la famille de limiter ses déplacements ou de les faire en transports actifs, ce qui est pour moi un élément essentiel à la qualité de la vie. Habiter à proximité des lieux de culture, d'enseignement et de service, c'est gagner du temps et se faciliter la vie. On a invité la famille Robitaille à revenir voir la maison après les transformations. Je lui dis un grand merci de nous avoir parmi d'habiter ce lieu patrimonial moderne.

LA MAISON ROBITAILLE

LA MAISON ROBITAILLE

PAR
JULIA

PAR
VINCENT

NOTRE MAISON

De toutes les maisons que mon père a faites ou rénovées, cette maison était de loin celle qui m'attirait le moins, celle où, à première vue, je voulais le moins vivre. Ces murs complètement blancs, ces trop grandes aires ouvertes, ces trop grandes fenêtres… bref, je voyais littéralement tout en noir. Ce n'était pas cette maison que je n'aimais pas, c'était simplement le fait d'être déracinée de mon quartier d'enfance. Finalement, lorsque j'ai arrêté de broyer du noir, je me suis bien vite rendu compte à quel point j'étais choyée de vivre dans une telle demeure. Tous les éléments que je n'aimais pas auparavant sont devenus les raisons pour lesquelles j'adore cette maison, notre maison.

LE BONHEUR

Une porte rouge s'ouvre
Sur un cube de vitre bien sympathique
C'est là que j'habite !
Prison de verre sans merite ?
Non, car rire et sourire y cohabitent
Avec le bonheur qui y réside de bon cœur

On y sent vite la chaleur des rayons
Qui nous réchauffent par leurs photons
Tant de lumière y crée toute une atmosphère
Qui survit au coucher de la chaude sphère
Toute cette énergie n'a rien d'éphémère
C'est le produit d'une synergie sincère

L'âme de ce logis a su me conquérir
Cela va sans dire

LA MAISON NOIRE

J'ai rencontré Lucie Lavigne il y a quelques années. Je donnais une conférence avec un collègue français où nous exposions respectivement nos façons de faire comme architecte. Lucie m'a alors interviewé. Dans le cadre de son travail à *La Presse*, elle a, par la suite, visité quelques-unes des maisons que j'ai conçues. Elle a discuté avec les propriétaires et observé les sites de construction. Je pense que cela lui a permis de bien saisir ma démarche, ainsi que les relations privilégiées que j'entretiens avec mes clients et l'environnement.

Les maisons que je conçois ne me sont pas destinées. J'essaie donc de comprendre ce que les gens veulent. Pour moi, c'est un processus qui est ouvert. J'apporte des scénarios et des propositions, nous les faisons évoluer ensemble, et c'est cela qui est merveilleux : chaque projet est une histoire différente. Les conditions et les sites sont aussi uniques. J'aime cette grande diversité. Il n'y a jamais de répétition, mais je travaille toujours dans le même esprit. Je pense que je suis devenu architecte parce que j'apprécie grandement la dimension humaine du processus de création.

Quand il a été question de la maison de Lucie et de son conjoint Marco, je leur ai expliqué ce que nous aurions à faire ensemble. Je leur ai également suggéré de prendre leur temps, sans toutefois trop l'étirer. Ainsi, ils pourraient décanter et, surtout, prendre des décisions éclairées.

Dès la première rencontre, ils avaient bien établi leurs désirs et leurs besoins. C'était déjà un bon point. À l'opposé, il y a des gens qui n'ont qu'une idée très floue de leur projet. À mes yeux, il n'y a rien de dramatique à cela. Je multiplie alors les questions et me permets parfois de leur dire : « Êtes-vous sûrs que vous avez besoin de tel élément ? » Je leur offre une vision externe et je crois que c'est toujours intéressant pour les futurs clients d'être appelés à valider ou à expliquer leurs décisions. La plupart du temps, je demande aux gens d'écrire leurs besoins, leurs désirs et leurs priorités.

Chaque fois que je conçois un édifice, je découvre des lieux magnifiques, au Québec. Je travaillais d'ailleurs avec les moines d'Oka, lorsque Lucie et Marco m'ont invité à voir leur terrain. Je me suis alors rendu compte que le lac des Deux-Montagnes offre un superbe paysage et une orientation maximale au sud. Le terrain du couple s'étire en pente relativement douce jusqu'au lac. Il a été assez simple de saisir les vents dominants, la vue et la course du soleil.

En bordure du lac, il y a de grands arbres. Ainsi, la vision est très dégagée en hiver, et un peu moins en été. La maison est sur un léger promontoire, donc on voit toujours à travers les arbres. Il y a aussi la possibilité d'effectuer des allers et retours entre le lac et la maison. J'ai été impressionné par ce terrain de qualité, à un peu plus d'une heure de Montréal.

Ils m'ont demandé si j'étais disposé à faire une maison noire. Je n'ai pas d'*a priori*. J'ai visité, au Japon, des maisons en bois très foncé. À une certaine époque, les Japonais faisaient brûler la surface du bois, qui servait alors d'élément protecteur. On retrouve ainsi au Japon beaucoup de maisons ancestrales qui ont été noircies. De plus, j'ai toujours aimé, dans les campagnes, les bâtiments dont le bois avait grisonné avec le temps. C'était pour moi intéressant. Nous sommes donc tout de suite entrés dans un nouvel univers, sans qu'on le sache, une couleur venait d'orienter tout le projet que nous allions concevoir. Il y avait déjà l'idée de contraste : la maison toute noire à l'extérieur et toute blanche à l'intérieur.

À l'étage, le programme comprenait la chambre principale, un bureau, une salle de bain, un cabinet de toilette, un rangement de type walk-in pour les vêtements et une grande terrasse pour avoir une vue sur le lac. Au rez-de-chaussée, un grand volume ouvert avec cuisine, salle à manger et séjour, un cabinet de toilette, un grand rangement et un hall. Au sous-sol, se trouvent la chambre des deux adolescentes, leur salle de bain, la salle familiale avec cinéma maison et la chaufferie. Les plans comprenaient aussi un atelier détaché de la maison permettant de faire de la menuiserie. J'ai découvert avec le temps que Marco avait de grandes habiletés, je ne sais même pas s'il savait qu'il avait une telle dextérité.

Il y a des maisons pour lesquelles on va consacrer beaucoup de temps à développer différents scénarios. Dans d'autres cas, c'est l'inverse, beaucoup d'énergie sera investie pendant la construction. On va alors expérimenter des choses, tester des éléments. La valeur du projet risque même d'être ainsi augmentée. Chaque maison est unique et le chemin vers sa réalisation est rarement en ligne droite.

Nous avons tout de suite pensé, pour ce projet en enfilade, au silence entre l'atelier et la maison. Lucie tenait tout de même à ce qu'on sente un lien. Il était important de garder, de la rue, une grande discrétion. Il y avait aussi la pièce entourée de moustiquaires à positionner. L'important est de développer un ensemble d'espaces extérieurs qui présentent des atmosphères agréables, je dirais même mieux, une expérience du lieu complètement différente. On se promène de la « pièce moustiquaire » à la terrasse sur le toit, de l'atelier à la maison, de la terrasse au sud… C'est une balade qui est extrêmement sensorielle. La maison offre une multitude de microclimats. Donc, quand on pense à la maison, on pense autant aux espaces extérieurs qu'aux espaces intérieurs. Je dirais qu'à un moment donné, on met beaucoup l'accent sur les espaces extérieurs. La maison,

ce n'est pas strictement un travail esthétique. Bien sûr, on se rend compte, quand on trouve l'équilibre et les proportions, que le projet sera élégant. Mais ce qui nous guide principalement c'est l'idée de multiplier le plaisir des espaces habités au fil des jours et des saisons !

On a dessiné quelques plans et on s'est fixé rapidement. L'idée du couple propriétaire était claire. Tout a été un jeu de proportions. Quelle sera la longueur de la maison ? Quelles seront les dimensions de la salle à manger ? Quelle sera la hauteur de l'espace à vivre ? Est-ce que le plafond de l'espace du séjour aura trois, quatre ou cinq mètres ? En fait, le séjour, dans sa partie haute, est entièrement relié au ciel. Cet espace est élevé, mais il semble flotter par rapport au reste de la propriété. On le découvre de façon graduelle, lorsqu'on entre. C'est en avançant tranquillement que les éclats de bleu (ciel) apparaissent.

Au départ, je leur ai fait des croquis et j'étais assez proche de la solution finale. J'avais un cahier de dessins assez volumineux, mais j'ai rapidement compris la problématique. Les clients avaient déjà vu d'autres maisons, les réponses venaient rapidement. Le dimensionnement a pris plus de temps. Il y avait toute la rythmique de la fenestration du mur au sud à établir, toujours dans l'optique de bénéficier d'une énergie solaire passive optimale. On a trouvé un rythme.

Si on regarde bien mon travail, on constate que j'essaie toujours de garder un minimum de modules, presque comme une partition de musique, surtout dans le cas de *La maison noire*. On devine bien la partition. Il y a des croches et à un moment donné, une double croche ! En marchant, quand on balaie l'espace du regard, on sent cette rythmique et c'est, je crois, un élément très agréable. Quand les ombres portées par le soleil sont dans la maison, on les sent bouger et on comprend à un moment donné qu'on revient à des proportions familières. Il y a une grande cohérence. La maison nous guide littéralement.

Chose assez rare, Marco, dans le cadre de ce projet, m'a envoyé des modélisations de la maison. J'ai été étonné, c'était la première fois que cela m'arrivait. Il est évident que les logiciels se sont simplifiés, mais c'est toujours étonnant de voir qu'à partir de nos plans un client nous fait parvenir avant qu'on la lui envoie la modélisation de sa maison.

Il faut se poser de nombreuses questions lorsque l'on conçoit une maison, et bien sûr on doit y répondre. Comment venir insérer un escalier ? Est-ce que ce sera un escalier à double ou à simple volée ? Quelle sera la profondeur des marches par rapport à la hauteur ? Comment rendre un escalier agréable, d'autant plus qu'il est ouvert sur le paysage ? Initialement, on a préparé les plans avec une seule volée. Et Lucie, à un moment donné, a dit : « Non, ça va me sembler fastidieux de monter cet escalier d'un seul trait. J'aimerais avoir un palier pour pouvoir faire une pause, tourner et hop jeter un œil au lac ! » Résultat : je pense que la maison vit bien avec cet escalier, même si on a dû allonger un peu la construction.

C'est impressionnant quand on entre par la porte et que l'on voit la percée à travers la propriété. On a aligné la porte principale avec celle qui donne sur la terrasse. On a aussi beaucoup travaillé tout le processus d'entrée. On a, dans le prolongement de la maison, créé une toiture qui sert de protection à l'entrée, mais qui, en débordant vers le sud, devient la « pièce moustiquaire ». Au-dessus, on a volontairement prolongé le mur afin d'obtenir une terrasse privée, attenante à la chambre principale. Tout cela engendre une belle diversité.

Depuis la route, la maison est un volume très simple, que nous avons imaginé d'un noir pratiquement lisse, sans que rien ne vienne perturber son étirement dans le paysage. Un mur linéaire, percé seulement par deux fenêtres allongées, c'est tout ce que l'on voit.

L'idée est de toujours trouver une solution simple. Si elle nous paraît trop complexe et, de fait, trop coûteuse, c'est qu'elle n'est pas appropriée. Il faut continuer à chercher pour s'assurer de la cohérence du projet.

Est-ce que l'on devrait fermer l'espace entre la maison et l'atelier par des claustras, des éléments à l'horizontale ou à la verticale ? On a laissé une ouverture, tout simplement, rehaussée d'une pergola. On est resté aussi sobre pour l'élévation sud afin d'éviter la surchauffe dans la pièce principale et on a ajouté un débord de toit. Celui-ci, très longiligne, est en continuité avec le volume intérieur. On a créé un avant-plan intéressant, qui surplombe la terrasse au sud et qui dialogue avec la « pièce moustiquaire ». La maison s'élance vers le lac. Tous ces éléments ont été travaillés et on a voulu que le dessous de ces avancées (peint en blanc) soit le prolongement de l'intérieur. Comme si on était à l'extérieur, mais protégé. Ces espaces transitoires sont toujours intéressants, car ils permettent d'accentuer la relation entre l'intérieur et l'extérieur, de rendre la frontière presque virtuelle. On est dehors, mais on a les mêmes matériaux qu'à l'intérieur.

Lucie et Marco ont choisi Réjean Désilets comme entrepreneur général. Et j'étais heureux de savoir que j'allais travailler encore avec lui. Une fois la structure de la maison montée, il nous a fallu ajuster certaines ouvertures et aligner des portes par rapport au foyer du séjour. Je me suis rendu sur le chantier et, en discutant, il y a des murs intérieurs qui ont été déplacés. Les propriétaires ont été exigeants. Ils ont mis une énergie peu commune à suivre eux-mêmes le chantier. Ils étaient là tous les jours, matin et soir, à observer chaque sous-traitant, appartenant à différents corps de métiers spécialisés. Ainsi, ils s'assuraient de la qualité du travail effectué. L'idée n'est pas de tout « contrôler », mais de comprendre qu'il y a un esprit qui nous guide dans l'évolution et la construction d'une maison.

L'intérêt à travailler avec des professionnels, des architectes, c'est qu'ils connaissent chacune des étapes et qu'ils sont capables d'anticiper et de prendre de bonnes décisions au bon moment, avant que la situation ne devienne trop complexe. On avance graduellement, ensemble. Il y a une sorte d'accompagnement qui rassure le client et qui fait que l'on ne prend pas toutes les décisions en même temps. Avec des plans de construction très précis, l'entrepreneur n'a qu'à suivre les instructions. Au besoin, on sera appelé sur le site.

Tout au long du projet, j'ai toujours aimé aller sur le chantier et discuter de tous les éléments avec Lucie, Marco et Réjean. C'est passionnant de voir des gens se consacrer à réaliser une maison rêvée. Lucie et Marco ont pris un cours d'architecture en accéléré. L'action est toujours un moment passionnant dans la vie. Cette maison témoigne d'ailleurs d'une action concertée pour faire un projet bien intégré et agréable à vivre.

LA MAISON NOIRE

LA MAISON NOIRE

LA MAISON NOIRE

LA MAISON NOIRE

PAR
LUCIE LAVIGNE
ET MARCO DEBLOIS,
PROPRIÉTAIRES

INESTIMABLE « PAPIER PEINT »…
VENDREDI 23 FÉVRIER 2007, AU CLUNY ARTBAR, À MONTRÉAL. NOUS AVONS RENDEZ-VOUS AVEC PIERRE THIBAULT À MIDI. COMME DES ÉTUDIANTS MODÈLES, MARCO ET MOI AVONS NOTRE *SCRAPBOOK* EN MAIN.

Notre album contient plusieurs photos découpées dans des magazines d'architecture, dont Dwell, notre préféré. J'ai aussi collé de superbes photos du terrain que nous sommes sur le point d'acheter. Devant une salade et un sandwich, nous répétons à Pierre que notre budget est limité et que nous n'avons aucune expérience en construction. Par contre, insistons-nous, nous sommes prêts à trimer dur pour arriver à nos fins. En toute simplicité, Pierre accepte de nous faire une place dans son horaire chargé. Marco et moi quittons le resto, emballés. Dans la voiture, nous nous regardons en souriant, car nous savons que notre rêve est sur le point de se réaliser : construire une résidence principale au style radicalement contemporain en bordure du lac des Deux-Montagnes.

Printemps 2008. Ouf ! Les plans sont prêts. Cette étape nous est apparue interminable. Toutefois, nous saisissons aujourd'hui toute son importance. Prendre son temps, dans l'esprit d'une architecture « lente », nous a permis de mieux préparer notre projet.

17 avril. Nous entamons l'excavation et embauchons Réjean Désilets, un entrepreneur habitué à construire des maisons conçues par Pierre Thibault. Avec son accord, nous gérons le chantier. En clair, nous engageons les sous-traitants, établissons l'échéancier, coordonnons le travail des différents intervenants et… nettoyons le chantier en fin de journée. En parallèle, nous passons des centaines d'heures sur Internet et au téléphone afin de nous informer sur les matériaux et les équipements à commander.

Heureusement, Pierre, armé de son BlackBerry, et Réjean, dans sa roulotte garée sur notre terrain, ont toujours su nous guider lorsqu'il y avait des imprévus ou des difficultés.

Dès que nous hésitions, hop, nous faisions valider nos décisions. Je me souviens encore du moment où Marco et moi avons eu l'idée d'un lambris de bois massif teint en usine, noir opaque, en guise de revêtement. « Qu'est-ce que Pierre pensera de notre choix ? », nous sommes-nous demandés. Réponse : « J'adore l'idée ! »

30 septembre 2009. Nous terminons enfin les travaux de finition. Depuis, nous profitons pleinement de notre habitat aux espaces de qualité. Les pièces de la maison sont agréables – ni trop grandes ni trop petites –, très ergonomiques et, surtout, lumineuses. Parmi ces pièces où il fait bon vivre, il y a certainement la véranda entourée de moustiquaires. Cette pièce intégrée dans toutes les propriétés de Pierre Thibault est la favorite de la famille, y compris de notre chatte de gouttière, Juliette.

L'aménagement intérieur, farouchement minimaliste – tout est blanc, sans décoration –, rehausse la seule œuvre d'art de la maison, la lumière naturelle.

Enfin, la façade sud, qui est généreusement fenêtrée, met en valeur la végétation et le lac des Deux-Montagnes, notre sublime et inestimable « papier peint ».

7

LES ABOUTS

J'ai toujours voulu faire des maisons, mais il y a eu longtemps un décalage entre les maisons que j'imaginais et celles que désiraient les gens pour qui je pensais pouvoir en faire. J'ai donc conçu des maisons avant d'avoir un client. Ma véritable première maison a été la villa du lac du Castor. Et la vie étant bien faite, elle a fait des petits. Des gens ont visité la villa et ont eu le goût d'avoir leur propre havre dans la nature.

Le propriétaire de la villa m'a ainsi invité dans la maison que je lui avais dessinée pour que je rencontre des gens intéressés par mon travail, Bernard et Michel. Quelle belle rencontre, quel plaisir de parler d'architecture dans la maison que l'on a créée !

Il y a des affinités que l'on découvre. La nature est enveloppante : le lac comme une seconde source de lumière, les grands pins qui se balancent au vent. On a l'impression que la nature qui nous entoure est intriguée par la présence de quelques traces assez légères de civilisation. Le fait, pour nous, les visiteurs, de nous sentir loin d'elle rend les rencontres encore plus précieuses.

Visiter un lieu en osmose avec son environnement amplifie la relation qui nous lie à lui et c'est comme si cette relation était commune à tous ceux qui la vivent. On développe un lien qui s'inscrit durablement dans la mémoire.

Mes clients et moi, nous nous sommes quittés, heureux à l'idée de se revoir sur le site qu'ils avaient choisi pour leur maison en devenir.

Peu de temps après, nous nous somme retrouvés au bout d'un chemin, dans un boisé, non loin d'un village entre Drummondville et Saint-Hyacinthe. Le bout de cette terre agricole avait appartenu à l'un des futurs occupants, qui l'avait cédé à son frère.

L'appel de la grande ville avait été puissant, mais la force des racines l'avait ramené sur ses terres pour lui en faire voir les beautés que le désir de découverte avait maintenues dans l'ombre. Une lumière nouvelle illuminait ce coin de pays qui était toujours le sien. Cette petite terre était en bordure du lit de la rivière et un méandre créait une presqu'île idéale pour y bâtir un abri. Cette presqu'île était envahie par d'immenses fougères qui ondulaient lentement au vent, venu de l'eau. Les feuilles entrouvertes, d'un vert des plus tendres, laissaient entrer en abondance les rayons du soleil. Une vision idyllique, que le son de l'eau rendait encore plus douce. Je suis toujours fasciné par la diversité des endroits que j'ai le plaisir de découvrir. Tous mes sens sont en éveil, je m'imbibe de tout ce qui en fait des univers particuliers. Je les découvre aussi à travers les yeux de ceux qui les ont choisis et qui m'en font admirer les beautés insoupçonnées.

J'ai développé depuis l'enfance ce plaisir de capter un lieu et de tenter de saisir son essence. J'aimais découvrir l'île du chalet de mon oncle Jacques. Déjà, j'imaginais de petites cabanes en divers lieux que je continuais à peaufiner même après les avoir quittées, sur la route du retour. J'ai toujours en moi ces lieux longtemps mémorisés.

C'est ce que je continue à faire aujourd'hui : trouver l'emplacement idéal, celui qui nous fera voir de la meilleure façon l'environnement qui nous enveloppe.

Ce qui a été vraiment important lors de la première visite, c'est la découverte de deux éléments qui sont très présents dans le paysage. Le premier élément, c'est la rivière, qui crée sur le site l'horizontalité; le deuxième, c'est l'élément vertical apporté par les arbres. Je me suis dit qu'il fallait interpeller d'une certaine façon les deux éléments dominants de ce paysage. Il y avait aussi l'aspect soyeux et très doux des fougères qui restait très présent après la visite.

Bernard et Michel, eux, m'ont dit que leurs premières visites sur leur terrain leur avaient plutôt inspiré une maison perpendiculaire à la presqu'île créée par le méandre de la rivière. Dès la première visite, mon intuition était plutôt à l'opposé. Je leur en ai même fait mention. Je voyais plutôt la maison dans l'axe de la presqu'île, pour longer la rivière, deux façades principales donneraient ainsi sur un cours d'eau, accentuant l'effet de flotter entre deux eaux. Je crois que dans ce boisé, le plan d'eau crée une clairière naturelle et il apporte cette source supplémentaire de lumière qui est très agréable en ajoutant une dimension sonore.

Nous avons marché, nous nous sommes assis au bord de l'eau; on développe, grâce aux gens qui connaissent bien le site, une espèce d'intimité avec le lieu. Je repars toujours avec un nombre incroyable d'impressions, je n'hésite pas non plus à prendre des photos de ce qui me semble important à garder en mémoire.

Au-delà de cela, après quelques heures sur un site, quand tous mes capteurs sont ouverts, j'ai vraiment le lieu en moi.

On a eu par la suite un premier souper chez mes clients à Montréal, dans un habitat qu'ils avaient eux-mêmes rénové. C'est très important et très intéressant de voir l'espace qu'habitent déjà les gens pour qui on va construire une maison. En découvrant le site, dans un premier temps, on a déjà une idée de qui seront ses occupants; en visitant le lieu qu'ils habitent, on a déjà beaucoup d'informations. J'ai été impressionné par leur belle collection d'œuvres d'art d'artistes vivants, dont une entre autres de Richard Mill, qui avait été mon professeur quand j'étais étudiant à l'université. J'ai toujours eu un faible pour ses œuvres et j'ai trouvé qu'il était un bon pédagogue. Travailler avec les textures, les gestes, les couleurs, c'est un de ses enseignements qui m'habite encore. Dans leur tableau de Richard Mill, on voit le geste de l'homme debout, presque à bout de bras, une espèce de voûte semble nous protéger.

Une autre chose qui a été importante dans cette première rencontre, c'est qu'ils m'ont donné deux livres. Le premier portait sur le travail de Donald Judd, artiste très connu, exposé dans tous les grands musées du monde. Il travaille beaucoup avec des éléments très simples : de grands rectangles, des éléments de couleurs répétitifs. J'aime la grande sobriété de ses œuvres. Je connaissais son travail, mais de là à l'associer à la conception d'une maison, il y avait un autre pas à franchir. Le deuxième, de Kelly, présentait des dessins très légers, inspirés en fait de la nature, quelques feuilles. Deux œuvres d'une certaine façon complémentaires : une rigueur géométrique dans le travail de Judd et les traits très légers du dessin de Kelly. Sans me donner de précisions, ils m'ont dit : « On te donne ces livres, ils vont certainement t'aider dans ton travail de conception, alors consulte-les, garde-les à proximité et sache que ces artistes nous sont d'une certaine façon précieux. »

Peu de temps après, je n'avais pas encore commencé à travailler, je suis parti en Europe, en Suisse, où j'ai passé quelques semaines. C'est particulier : j'ai imaginé le concept du projet à l'étranger. Je n'avais pas fait de croquis sur place, j'avais seulement quelques photos et je me suis mis à dessiner le site dans un de mes cahiers de croquis, des vues aériennes des méandres de la rivière, des coupes pour essayer de comprendre la topographie du site. J'avais une grande compréhension du lieu que j'avais vu et c'était très facile pour moi de le rendre en dessins.

Alors, pour répondre aux deux éléments forts du site, l'horizontalité de la rivière et la verticalité des arbres, j'ai rapidement eu l'idée de créer deux volumes : l'un qui s'étirerait à l'horizontal et l'autre, plus ramassé, qui s'élèverait sur l'équivalent de deux niveaux pour créer une double hauteur.

Il y a eu cette idée que la maison flottait. La grande plaque de bois ne se limitait pas au corps du bâtiment, elle s'étirait davantage dans le sens de la longueur et créait à une extrémité une pièce habillée de moustiquaires et, à l'autre, une toiture pour protéger l'entrée. Le concept, c'était de créer une série d'espaces insérés entre deux plaques, celle du plancher et celle de la toiture. Mais au lieu de laisser les deux plaques parallèles, j'ai légèrement surélevé la plaque de la toiture qui allait en s'élevant pour créer un mouvement depuis l'entrée vers la « pièce moustiquaire » et qui faisait en sorte qu'à l'intérieur, on ressentait une certaine compression au départ et, ensuite, l'envol était perceptible.

Au départ, je pensais à cette série de volumes pratiquement insérés entre deux plaques. En fait, il y en avait trois, et entre chacun des trois, il y avait deux espaces qui créaient des jardins, l'un qui était un petit jardin extérieur, et l'autre qu'on voyait déjà comme un jardin intérieur. J'en ai fait différentes versions en croquis. On pouvait donc déambuler à l'extérieur de ces volumes. On pouvait aussi circuler du côté intérieur, le long de l'autre volume qui, lui, était sur deux étages. Dans ces volumes, il y avait d'une part la cuisine, la chambre principale avec les services et un rangement pour tout ce qui est nécessaire à l'extérieur d'une maison. Il y avait une cadence, trois notes sur trois lignes de portée. L'autre volume, lui, était un simple parallélépipède, sans débords de toit, vraiment un rectangle très pur.

Les clients voyaient leur maison un peu comme une galerie pour exposer les œuvres qu'ils aimaient. Comme ils avaient des œuvres de très grandes dimensions, il y avait peut-être la possibilité de faire en sorte que l'espace à l'étage ne soit pas un plancher qui court d'un mur extérieur à un autre mur, mais plutôt qu'il y ait un espace qui serait en quelque sorte détaché de la paroi externe, de façon à dégager de grandes parois à l'intérieur qui puissent s'élever sur deux niveaux. J'en ai fait différents croquis, j'ai dessiné une boîte à l'étage pour la chambre d'amis et une deuxième pour la bibliothèque. Tout le mur externe était complètement dégagé : des volumes comme une architecture dans une architecture. Comme je le disais, la conception a été faite à l'étranger. J'aimais deux arbres. Je voulais les inclure dans la maison et faire en sorte que la nature dialogue avec l'architecture qu'on venait y déposer. La nature a une telle présence qu'il fallait faire avec elle. C'est un peu ce que nous lançaient comme message ces petites ouvertures dans la plaque inférieure et la plaque supérieure.

Alors, au retour de mon séjour à l'étranger, nous avons eu un autre repas où je suis allé leur présenter mon cahier de croquis, à leur maison de Montréal. C'est toujours agréable, parce que j'aime bien garder une certaine surprise, je ne dévoile pas mes plans tout de suite, on discute sur ce que nous a offert la vie et tranquillement je commence à leur révéler des bribes de ce que j'imagine pour leur maison. C'est assez important pour moi que l'on fasse le cheminement, que tout n'arrive pas d'un seul coup.

Donc, pendant le souper j'y vais presque chronologiquement, je présente des croquis, je montre parfois différentes avenues qui sont possibles, et je leur fais faire, à l'intérieur de mon cahier, le cheminement qui fut le mien quelque temps auparavant. C'est toujours fascinant d'observer le regard des gens qui ont leur terrain depuis déjà un bon moment et voient tout d'un coup surgir une architecture qui les surprend et qui est un peu différente de ce qu'ils avaient entrevu. Mais je pense que lorsqu'on a la bonne piste, les gens se rallient facilement à un scénario qui est différent de ce qu'ils avaient imaginé dans un premier temps. Il y a une période de temps nécessaire pour laisser la place à cette nouvelle possibilité. C'est un espace-temps nécessaire à l'intégration de toutes les données.

Ce soir-là, j'ai senti que mes clients adhéraient à cette autre proposition. Bien sûr, ils savaient – et je savais aussi – qu'il y avait place à l'amélioration, mais les éléments structurants étaient là. Je suis reparti, persuadé d'avoir pu concevoir quelque chose qui était approprié à la vie qu'imaginaient les futurs occupants.

Dans le grand volume de la galerie, j'avais prévu une bibliothèque et un volume pour les chambres qui flottaient dans l'espace. La bibliothèque se prolongeait à l'extérieur pour sortir sur le toit et offrir un troisième niveau. Mais, pendant la construction de la maison, nous nous sommes rendu compte que la vue était tellement extraordinaire depuis la salle à manger que rien ne devait venir la dissimuler. Donc, on a intégré la bibliothèque et la chambre dans un seul volume. On l'a un peu désaxé par rapport au grand volume de façon à ce que les perspectives soient plus intéressantes. Et, chose étonnante, comme l'élément est suspendu, on perçoit facilement l'intégrité du volume sur toute sa hauteur. Quand on est sous le volume flottant, l'espace est plus intime, et quand on se déplace vers la salle à manger, on a plus l'impression d'être à l'extérieur. On voit l'ombre des arbres danser sur le plancher; on perçoit le tremblement des feuilles. On entend des craquements, on dirait que la maison chante avec son environnement, c'est tout à fait envoûtant.

C'est Réjean Désilets qui a assuré la construction de la maison. Nous avons aussi travaillé avec l'ingénieur Gaétan Samson parce que la quantité de verre nous obligeait à prévoir des contreventements très solides.

LES ABOUTS

Le rangement extérieur a été enlevé pour donner cette générosité d'espace à la galerie d'accueil. La cuisine et la chambre étaient séparées par un jardin d'hiver, on les a combinées en un seul volume. Quelques roches permettent de monter sur le plancher de bois. La plaque inférieure et la plaque supérieure sont comme deux bras qui nous accueillent. On a pu conserver l'arbre qui est comme une présence. On a embrassé la nature le plus doucement possible.

Pour la toiture, on avait pensé initialement à un toit végétal, puis Bernard et Michel ont imaginé presque un jardin zen. Ils ont travaillé avec des gravillons gris, des gravillons blancs et ont créé un motif géométrique. Quand on monte à l'étage, on voit ce toit qui est aussi une grande fresque, c'est vraiment magnifique. Les clients ont une grande sensibilité, leur collection d'art en témoigne. Ils se sont amusés à travailler le terrain, à faire une rivière sèche. C'est un site extrêmement inspirant qui change tellement en fonction des saisons : il est presque brésilien quand les fougères sont à maturité, et sibérien en hiver.

Je suis allé à plusieurs reprises manger dans leur « pièce moustiquaire » pour des dîners champêtres et c'était toujours extraordinaire. C'est une maison qui semble propice à la rencontre, à la discussion, à l'échange, en petits groupes ou en grands groupes. Et c'est là qu'on voit l'importance d'une maison. Il y a des lieux qui prédisposent à l'échange, aux discussions agréables. Je garde des souvenirs mémorables de ces belles rencontres. Les propriétaires ont l'art d'inviter des gens, de former un groupe qui saura susciter des discussions d'un grand intérêt. C'est une maison qui leur ressemble vraiment et je pense qu'elle a changé leur vie. La maison devient un catalyseur, un lien rassembleur qui permet aux amis d'être présents. Elle fait en sorte que la vie est beaucoup plus riche et intense, autant dans son aspect de contemplation que dans son aspect de rencontre avec l'autre.

LES ABOUTS

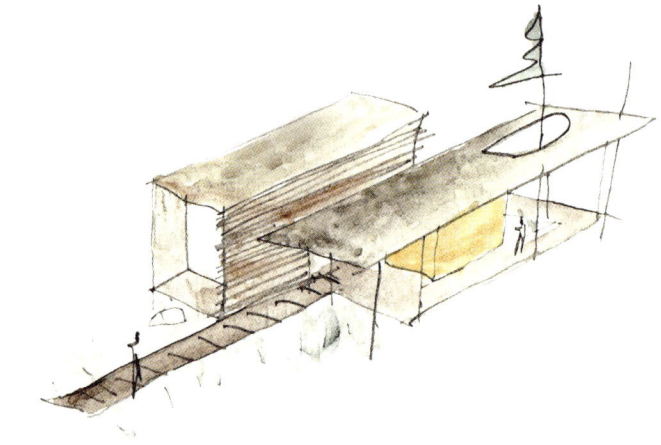

LES ABOUTS

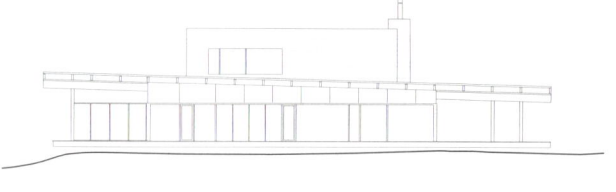

LES ABOUTS

LES ABOUTS

PAR
BERNARD LANDRIAULT
ET MICHEL PARADIS

IL N'Y A PAS D'HUMANITÉ SANS DOMICILE, NI DE DOMICILE SANS ART. GIACINTO DI PIETRANTONIO

Avant la maison

Nous n'avions ni photo ni plan préconçu à remettre à Pierre Thibault lorsque nous l'avons rencontré pour la première fois. Nous avons d'abord décrit les lieux, exprimé l'importance que nous accordions à la lumière, à la nature et à l'intégration de la maison au paysage.

Nous avons aussi présenté brièvement quelques artistes contemporains dont le travail, à nos yeux, était intimement lié à des questions d'espace auxquelles nous étions sensibles : Donald Judd et la notion concrète d'œuvre/espace, Ellsworth Kelly pour la création de formes et Carlo Scarpa pour l'importance de la lumière naturelle et l'idée de la maison qui saurait « être l'expression de notre temps, sans abandonner la force psychique et sensuelle du lieu, de la matière et de la mémoire[1] ».

Nous avons beaucoup échangé avec Pierre dans les mois qui ont suivi cette rencontre, parlé d'art et d'architecture, de tout et de rien, appris en quelque sorte à mieux nous connaître. Et puis un jour, après les vacances d'été, Pierre nous a présenté les premiers croquis de la maison. C'est à ce moment-là – moment très bref et pourtant ô combien émouvant ! – que nous avons compris que Pierre était un architecte-artiste. En quelques traits, il avait su traduire nos désirs.

Qu'est-ce que la maison des Abouts ? Qu'est-ce que l'architecture ?

Questions simples, réponses complexes. Mieux vaut alors tourner autour.

La maison des Abouts, c'est un lieu où la maison et le paysage ne font qu'un. Entourée d'une rivière et d'un boisé, la maison est posée là, naturellement, à l'extrémité de la presqu'île, comme si elle faisait partie du paysage depuis toujours. L'architecture serait alors une question d'intégration, d'unité et d'harmonie.

La maison des Abouts, c'est un lieu à partager avec les personnes qui nous sont chères. Il n'y a pas véritablement de pièces aux Abouts, mais plutôt des espaces ouverts qui s'enchaî-nent naturellement les uns après les autres, sans véritable fonction arrêtée. Nous sommes libres de lire, manger, dormir, rêver là où bon nous semble. L'architecture serait alors une question de création d'espaces en mouvement, d'espaces qui mettent les gens en rapport les uns avec les autres.

La maison des Abouts, c'est un lieu où nous nous sentons bien. L'architecture serait alors une question de sensations, de sensations de bien-être.

La maison des Abouts, c'est un lieu où le passé, le présent et le futur s'entremêlent pour nous permettre de mieux savourer l'espace et le temps. L'architecture serait alors une question à la fois de mémoire et d'avenir, de lignes, de formes et de matériaux qui, finement réunis, se jouent du temps.

La maison des Abouts, c'est un lieu où la lumière naturelle n'est jamais immobile. L'architecture serait alors une question d'inventivité dans les fenêtres et dans les ouvertures allant du sol au plafond, découpées à la verticale, à l'horizontale et en panoramique, de manière à donner vie et profondeur aux espaces.

La maison des Abouts, c'est un lieu où l'on « pense avec les yeux […] [un lieu] que le regard traverse, [un lieu] à partir [duquel] on peut voir[2] ». L'architecture serait alors une question de regard sur le monde qui nous entoure.

La maison des Abouts, c'est un lieu où l'art cohabite avec l'architecture, comme si les œuvres habitaient un domicile bien à elles et qu'on les retrouvait dans leur intimité. L'un s'imprègne de l'autre, l'embellit. L'architecture serait alors une question d'art.

La maison des Abouts, c'est un lieu en mouvance. Comme il en est de l'art qui nous entoure, ce n'est pas la maison qui est à notre image, mais bien nous qui sommes à l'image de la maison dont le sens change avec le temps. L'architecture serait alors une question d'imaginer ce qui arrivera.

La maison des Abouts, c'est une merveilleuse histoire sans fin. Comme l'architecture.

---

1. *Carlo Scarpa architecte. Composer avec l'histoire*, Montréal, Centre canadien d'architecture, 1999, deuxième page de couverture.
2. Guido Guidi dans *Carlo Scarpa architecte. Composer avec l'histoire*, Montréal, Centre canadien d'architecture, 1999, p. 205 et 208.

8

LA MAISON GRISE

J'ai rencontré Josée et Maryse, les futures propriétaires de la maison grise, dans un loft qu'elles habitaient dans le Vieux-Montréal, près de l'ancien édifice qui logeait *Le Devoir*. Un tableau de Marcelle Ferron, d'un orangé très chaud, a attiré mon attention. Je suis toujours un peu intrigué à l'idée de savoir comment les gens ont fini par me contacter. Elles avaient vu mon nom à quelques reprises dans des quotidiens ou des publications et un ami qui avait une galerie d'art à Montréal leur avait dit lorsqu'elles lui avaient parlé de leur projet de maison : « Pourquoi n'en parlez-vous pas à l'architecte Pierre Thibault ? » Ce que je comprends, c'est qu'il faut souvent plus d'une impulsion pour que les gens se décident à m'appeler.

Elles m'ont montré un ensemble de photos, images d'une architecture qui leur semblait intéressante et aussi quelques photos du terrain qu'elles venaient d'acquérir au nord de Montréal, non loin de Morin-Heights. Elles avaient une idée de l'image de la maison, un assemblage de blocs simples déposés dans la nature, largement ouverts sur le lac. Cette image était associée à celle d'un bâtiment industriel du début du 20e siècle avec de grandes fenêtres et un parement extérieur en acier. C'était une image qui les habitait avant de me rencontrer. J'aime toujours me faire décrire ce désir à matérialiser. Nous sommes allés plusieurs fois sur le site, car il n'était pas très facile à comprendre. On avait du temps devant nous. Il n'y avait pas d'urgence de construire dans l'année; plus d'un an, c'est généreux et fait en sorte qu'il n'y a pas de précipitation. Le site s'apparentait à un promontoire qui dominait le lac et le chemin, qui se trouvait de l'autre côté, longeant un marais. Il n'y avait encore aucune construction autour de ce lac. Il y avait un aspect sauvage, nous avons vu un chevreuil s'abreuver au petit ruisseau qui coulait à l'est du site.

On a pris les dimensions du plateau afin de voir jusqu'où on pouvait aller pour que la maison n'ait pas l'air de glisser, soit vers le ruisseau, soit vers le lac. Le projet était très élaboré : une chambre pour les parents, une grande pièce de séjour, salon et cuisine avec une double hauteur, une « pièce moustiquaire » près d'une bibliothèque, une aile de la maison dédiée aux invités et un coin pour l'enfant du couple. Et il fallait prévoir un garage qu'on ne voulait pas voir, donc il devait être très discret. Il y avait aussi l'idée d'avoir une cour intérieure, un endroit à l'abri des vents, bien orienté et d'où on contemplerait le lac. J'ai initialement imaginé une maison en « L » qui venait occuper le sud-sud-ouest. Puis un autre scénario avec deux ailes et un corps principal a pris forme. Ce scénario avait l'avantage de créer une grande pièce extérieure : le bâtiment était en forme de « U », donc une cour tout à coup apparaissait. C'était l'espace d'accueil de la vie en plein air. La maison était aussi à une certaine distance du lac, ce qui faisait qu'on percevait l'eau, mais à travers les arbres. Le lac était aussi imaginé.

Mon équipe et moi avons fait une première maquette de cette proposition, puis nous avons revu les clientes. Nous avons délimité le périmètre de la maison sur le terrain pour nous rendre compte que le plateau n'était pas tout à fait assez grand pour la recevoir, mais nous avons cependant découvert une percée dans le volume qui encadrait le lac. On arrive près de la maison, on perçoit peu de choses et, tout à coup, dans l'axe de l'entrée, le lac nous est révélé. Alors, on a déplacé la maison vers le lac et le ruisseau et un peu plus vers l'ouest parce qu'on voulait utiliser une dépression afin de permettre une entrée latérale discrète du garage.

Sur le site, j'ouvrais les deux bras et la forme d'un corps principal avec deux ailes semblait taillée sur mesure pour l'endroit. Après discussion, l'idée semblait convenir. Nous sommes donc retournés à l'atelier pour préciser les choses. La maison était constituée de quatre volumes : il y avait le corps principal, avec les pièces à vivre, et entre celui-ci et l'aile des invités il y avait un espace qui créait l'entrée, mais au-dessus était installée la chambre principale. On avait l'impression que l'entrée était simplement un silence entre les trois volumes : la chambre des parents, le corps principal du côté gauche et à droite l'aile des invités. Le quatrième volume était à l'extrémité est du corps principal et devenait la bibliothèque, prolongée par la grande « pièce moustiquaire ». À cause de la dépression du côté est, la fenestration était dégagée à l'étage inférieur afin de faire un coin pour leur enfant. De l'autre côté, sous l'aile des invités, on pouvait glisser le garage. Tout cela était assez discret, on avait l'impression que l'on venait déposer la maison sur le promontoire rocheux où avaient miraculeusement poussé des arbres de très grandes dimensions. Cette forme était aussi très accueillante depuis le lac.

À la seconde visite, nous avons repositionné le projet sur le terrain en faisant faire une légère rotation à la maison pour que, de l'entrée, l'œil puisse nous amener presque instantanément à l'eau. On a pleinement fenêtré le grand volume qui était bien orienté vers le sud. La structure qui tient le mur vers le lac et le toit est formée d'une série de colonnes de six mètres de haut complètement détachées. C'est un peu comme à la villa du lac du Castor, où l'on sent la présence des arbres, cette série de colonnes est assez délicate à cause de leur hauteur. On s'est servi de la poutre à la tête des colonnes afin de faire un décroché qui permet au débord de toit qui est à l'extérieur d'entrer à l'intérieur et on fait la transition avec le matériau intérieur.

Le grand volume était le premier élément à concevoir. On a imaginé des fenêtres dans le haut et un ou deux bandeaux verticaux qui reprenaient un peu la ligne des colonnes qui étaient sur le plan plus au sud. C'est véritablement la clairière intérieure de la maison. L'autre idée était de créer un axe qui passait à travers tout le corps principal, mais qui visuellement traversait la bibliothèque et, dans l'autre sens, l'entrée et la chambre des invités. Bien sûr, il y a des éléments pour fermer les deux autres corps du bâtiment, mais les portes sont coulissantes et permettent de voir entièrement dans cet axe à travers la maison, donc de part et d'autre de voir la forêt. On entre par le hall principal qui donne sur le lac et avec une légère rotation de la tête on voit aussi la forêt. La nature encadre complètement la maison.

Les futurs propriétaires ont pensé à placer des foyers dans chacune des ailes, le plus imposant, en béton, s'élève sur deux étages dans le corps principal et deux autres foyers plus légers se trouvent dans l'aile de la bibliothèque et celle des invités.

Des modélisations ont alors été faites pour nous aider à comprendre avec quels matériaux on devait faire la maison. Pour répondre à leur désir d'un bâtiment de type industriel, j'ai pensé à un parement d'acier que j'avais installé à la fondation Jean-Pierre-Perreault. Je leur ai donc demandé de faire une visite sur place afin de voir cet acier gris comme un peu terni par le temps.

C'était un peu étonnant de voir la relation entre l'acier, ces volumes assez purs et la forêt. Il y avait un aspect presque institutionnel. L'utilisation de ce matériau nous éloignait de l'habitat. On percevait autre chose. On a pris le temps d'en discuter : pourquoi pas le bois ? Le bois, oui, mais quel bois ? Quelle

couleur ? Le choix d'une couleur sombre semblait unanime, tel le gris, gris écorce. C'est au moment de ce choix qu'il devient important d'apporter des échantillons sur place, de regarder quels sont les matériaux qui sont en résonance ou plutôt qui sont familiers avec l'environnement. Comme si l'environnement les acceptait comme éléments de sa famille.

Quand on observe, il est tout aussi important de voir ce dont on dispose comme espace extérieur. On est toujours à la recherche d'une diversité d'expériences. On avait donc cette grande cour et comme le volume de l'étage avançait, une partie était abritée. On avait du côté est la grande « pièce moustiquaire » qui s'ouvrait aussi sur la cour et l'aile des invités était fenêtrée de ce côté. Depuis cette cour, on pouvait ainsi voir dans toute la maison; depuis l'aile des invités on pouvait voir dans le corps principal. On retrouvait la sensation que l'on a dans la nouvelle abbaye des moines cisterciens, soit celle que l'on entourait la nature, ne manquait qu'un côté pour l'enclore entièrement. Ce n'était pas l'idée d'un cloître, mais d'une cour intérieure dont un des murs était inexistant.

Ensuite, on a refait quelques modélisations, dont une avec animation dans laquelle il était possible de se promener. Je pense que cette phase a permis de convaincre les futures occupantes. Je me rappelle leur avoir dit que la maison était grande et certainement plus coûteuse que ce qui avait été prévu, que nous pouvions diminuer la dimension de la bibliothèque, remodeler les pièces afin de rendre la maison plus compacte. Ce qu'elles ont refusé, car elles aimaient la maison telle qu'elle était. Je tentais d'enlever des mètres carrés, mais tel n'était pas leur désir. Je savais que la maison serait agréable avec ces univers juxtaposés.

Un entrepreneur qui travaillait dans la région a été recommandé. Les propriétaires l'ont choisi. Avec des plans complets, les clientes se sont occupées de la surveillance du chantier, ce qui est possible avec un entrepreneur bien organisé. Elles ont très bien compris les intentions du projet, qu'elles ont su transmettre aux travailleurs des différents corps de métier. Elles ont fait confiance à un ébéniste qui a travaillé de façon impeccable à la conception du mobilier, très sobre, très juste.

Ce fut une belle surprise pour nous de découvrir une maison achevée après avoir travaillé à l'élaboration des plans. Nous sommes entrés dans la maison comme nous l'avions imaginée, avec quelques variantes. Marcher dans le grand volume, quel bien-être, quelle justesse des proportions ! Assis sur le canapé, avec un verre de vin, je discutais et je n'avais plus envie de me lever. J'avais le goût de m'immobiliser là pour un long, long moment. J'avais rencontré des personnes radieuses, heureuses d'avoir mené à bien un projet qui les habitait depuis des années. C'est lors des moments comme ceux-là qu'on se rend compte qu'on est vraiment un médiateur, que notre travail est d'essayer de comprendre ce que les gens veulent pour leur faire réaliser un rêve.

LA MAISON GRISE

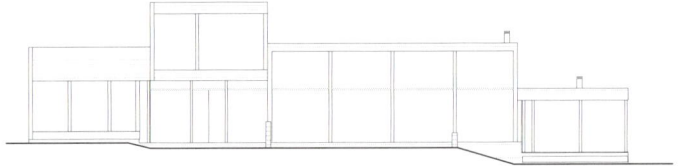

LA MAISON GRISE

PAR
MARYSE LEPAGE
ET JOSÉE MOREAU

UNE MAISON QUI NOUS RESSEMBLE

SI, COMME LE VEUT L'ADAGE, « TOUS LES CHEMINS MÈNENT À ROME », EN CE QUI NOUS CONCERNE, « TOUS LES CHEMINS NOUS MENAIENT À PIERRE THIBAULT ». DEPUIS QUELQUES ANNÉES DÉJÀ, NOUS CHÉRISSIONS LE PROJET DE CONSTRUIRE CETTE MAISON QUI SE VOULAIT LE TRAIT D'UNION ENTRE NOS VIES PROFESSIONNELLES, NOS PERSONNALITÉS RESPECTIVES ET NOTRE BESOIN DE CRÉER UN LIEU QUI NOUS RESSEMBLE.

Au fil du temps, nous avions accumulé coupures de presse, photographies ou images de revues d'architecture qui stimulent les rêves les plus fous. Elles permettaient de tracer la ligne directrice de cette maison qui est, dans les faits, l'aboutissement de ce que nous sommes et, surtout, de ce que nous souhaitons devenir.

Que de souvenirs de ces premières rencontres avec Pierre qui, dès les premiers moments, nous a demandé à quoi devait ressembler cette maison près du lac ! Cinq pages de texte bien serré et structuré plus tard, Pierre devait sûrement déjà comprendre à quel point le projet pour nous était vital et, surtout, à quel point nous étions, disons-le honnêtement, intenses !

Longue fut la route entre ces premiers balbutiements et la première pelletée de terre… encore plus longue fut celle de l'inauguration. Ce que nous avions mis sur papier – nos idées foisonnantes que Pierre a su intégrer et mettre en forme et que les frères Lalonde ont concrétisées, avec la précision, la rigueur et le calme qui les caractérisent – est aujourd'hui devenu cette maison grise qui correspond en tous points à ce dont nous rêvions. Qui plus est, ces tableaux aux significations si personnelles posés sur ces grands murs délicatement peints par Isabelle sont aujourd'hui témoins d'une douce existence.

Au-delà de cette structure de verre et de bois, cette maison grise qui s'ouvre naturellement sur le lac s'ouvre aussi sur les autres… Ce projet nous a permis au fil du temps, au fil des rencontres, de connaître des gens qui nous sont aujourd'hui si chers. La maison grise n'a ainsi de grise que le nom : tout en elle évoque la fête, les rassemblements, les jours heureux. Elle nous permet d'ouvrir notre porte à ceux qui arrivent de leur grand tour du lac, d'installer nos invités dans cette chambre qui a été pensée et conçue pour eux, de nous rassembler autour de cet îlot conçu par notre cher Olivier, allié de la première heure dans cette aventure ; notre grande pièce principale n'a de raison d'être que si elle est remplie. Quel bonheur de savourer ces soirées si uniques dans cette pièce grillagée près du lac, d'admirer les levers de soleil triomphants du haut de notre chambre surplombant la forêt, de se réjouir de ces petits matins emmitouflés dans cet espace si grand, mais à la fois si apaisant…

La maison grise, c'est avant tout ce que nous nous souhaitions. L'espace permettant les idées, le verre, l'absence de fin, la nature offrant le calme et la volupté, la possibilité de recevoir afin de donner. Le plus bel hommage que nous pouvons rendre à notre demeure est sans aucun doute de reproduire ici un texte rédigé par une de ses plus fidèles admiratrices, un texte qui dresse un portrait de ce qui était depuis peu notre passé, est toujours notre présent et sera pour longtemps notre avenir.

Chère Josée,
Chère Maryse,

Depuis hier on se transporte en pensée dans votre maison.

J'ouvre la porte et surgit une forêt au bord d'un lac. Dès l'entrée, on a un résumé de l'ensemble de la maison : transparence, intégration dans la nature et élévation, comme si on regardait le sommaire d'un livre sur une seule page.

Je prends à gauche et souris à la pensée du comptoir vanille qui sera chargé de verres et de bouchées pour l'anniversaire de Josée.

Un peu plus tard, les poutres seront éclairées, j'imagine de l'extérieur la vision de cette forêt intérieure...

On rejoint la pièce moustiquaire, on est un peu chez nous là ! (Depuis les Abouts, la communauté Pierre Thibault partage cette pièce !) J'ai l'impression qu'il s'en prendra des cafés, des jus de fruits, de bonnes bouteilles dans cette pièce. Appelons-la la vingt-cinquième heure...

Tout n'est que luxe, calme et volupté.

Pour un instant, j'ai envie de tenir la maison à bout de bras et vous aussi, comme si je vous tenais par les épaules pour mieux vous regarder, alors je me glisse dans l'annexe des amis et vous regarde vous déplacer doucement comme des feuilles qui virevoltent. Je grimpe dans votre chambre pour tenter de résoudre le mystère de la montagne qui est de plain-pied avec la maison et celui du lac qui est en contrebas.

J'imagine les jeunes dans leurs quartiers. Serge rêve d'un compresseur dans la cave à vin...

Il reste le lac à découvrir. Vite mon costume de bain ! Mais lequel ? :)

DANIELLE LEGENTIL

VOILÀ, TOUT EST DIT !

LA GRANDE MAISON – LE MONASTÈRE CISTERCIEN

Les moines cisterciens d'Oka ont pris le temps qu'il fallait pour choisir un nouveau lieu pour s'établir. Au XIXᵉ siècle, lorsqu'ils ont construit l'abbaye à Oka, ils ont acquis un immense terrain jusqu'au lac des Deux-Montagnes. Ils ont alors constitué une grande ferme pour subvenir à leurs besoins et aussi pour pouvoir vendre divers produits, dont leur fromage, qu'on peut se procurer encore aujourd'hui même s'ils n'en sont plus les producteurs.

Le XIXᵉ siècle était plus silencieux que le XXIᵉ siècle. À proximité d'une route très passante, l'ancien monastère n'était plus un havre de paix. Le silence est pourtant une composante essentielle de la vie monastique. Les moines voulaient aussi retrouver un havre à l'échelle de leur communauté. Ils ont été près de deux cents, leur nombre est de vingt-cinq aujourd'hui. À les côtoyer, on a l'impression qu'ils forment une famille élargie.

Le concours d'architecture pour la construction d'un nouveau monastère avait été annoncé, mais j'avais manqué la réunion d'information à l'intention de toutes les équipes inscrites. Je crois que ce fut une chance pour moi. Par une journée magnifique, je suis allé visiter le site à Saint-Jean-de-Matha avec une amie.

Au cours de ma première journée, je suis tombé amoureux de ses montagnes arrondies par le temps. J'aimais marcher entre les prés et les boisés. C'était comme traverser de belles chambres de paysage. Une grande douceur émanait de cet environnement naturel. Après quelques heures, je m'y suis senti apaisé. C'est dans cet état que j'ai commencé à dessiner l'abbaye, en me baladant d'un lieu à un autre, enveloppé par une atmosphère particulière.

Je suis toujours étonné de voir à quel point tout mon être est absorbé par ce travail de découverte. Imaginer un nouvel espace de vie, voir un lieu avant qu'il existe, c'est un voyage dans le temps. Je souhaitais que l'architecture enveloppe les arbres tout en étant elle-même enveloppée par la forêt. J'ai dessiné des rubans qui formaient une première cour enserrant un condensé de nature et qui s'étiraient pour devenir des bras ouverts à l'environnement, à l'autre. Le monastère est en effet un monde d'ouverture. Ses portes sont ouvertes pour tous de 4 h à 20 h. On peut même y résider quelques jours en réservant à l'hôtellerie.

Je me suis arrêté le temps d'un pique-nique en plein air et j'ai contemplé la rivière en contrebas. J'avais l'impression de survoler une région d'une douceur immense. J'ai dessiné dans mon cahier pour y inscrire cette atmosphère. J'étais conquis, le site était en moi et le projet prenait corps. Le dessin devient une mémoire sensible, une mémoire vivante qui m'habite tout au long du projet. Je développe ainsi une connaissance singulière de l'environnement qui est un guide précieux tout au long du processus.

Après ce moment intense de découverte a commencé un long travail pour traduire en espaces les besoins des moines. Une musique s'installe et elle nous accompagne. On se sent réellement guidé. Il faut apprendre à écouter cette musique intérieure qui nous préserve des distractions extérieures et nous ramène à l'essentiel. Dans l'agitation du monde contemporain, savoir garder le cap est un avantage indéniable. Il est si facile de se laisser dériver vers d'autres destinations. Mon équipe et moi avons ensuite poursuivi le travail d'élaboration en maquette pour mieux trouver la rythmique spatiale de l'abbaye.

La lecture est un autre outil essentiel. Les communautés cisterciennes ont près de mille ans. Des règles régissent la construction des monastères. Le cœur de l'église donne à l'est pour, j'imagine, capter les premiers rayons du soleil. Les proportions de la cour, appelée cloître, se rapprochent du carré. Les ailes qui ceinturent cette cour ont chacune leur vocation : une aile destinée à la vie spirituelle, l'église; une à la vie intellectuelle, la bibliothèque; une autre à la vie corporelle, le réfectoire; et enfin une dernière au travail. La vie monastique recherche un équilibre que l'architecture tente d'inscrire dans l'espace.

Au début du projet, j'enseignais au Massachusetts Institute of Technology, dans le département d'architecture. J'avais invité les étudiants de mon atelier à séjourner deux jours au monastère, à Oka. Les moines avaient accepté de les accueillir. J'avais des étudiants d'Europe, des Amériques et d'Asie pratiquant diverses religions. J'ai été étonné de les voir tous au premier office du matin à l'église. Il faisait encore noir, une bougie dans le cœur semblait être la seule lumière. Ils découvraient un nouvel univers loin de l'université.

Je suis toujours fasciné par la curiosité des étudiants, leur soif de découverte. Chaque semaine, un étudiant avait environ une demi-heure pour présenter un sujet qui le captivait à ses condisciples. Je me souviens d'un étudiant très timide, discret, presque effacé, qui nous convia une semaine dans une salle de répétition de l'école de musique. Il nous attendait assis au piano, nous saluant comme si nous entrions chez lui. Une fois tout le monde assis, il se leva et nous parla de sa passion pour Chopin. Il n'était plus le même : il était devenu lumineux. Puis il s'installa au piano. Il faisait corps avec lui. Une énergie immense émanait du piano que nous encerclions. Nous avions alors découvert une facette jusqu'alors imperceptible de cet étudiant. Pendant le séjour de mes étudiants au monastère, j'ai organisé une discussion avec quelques-uns des moines. Ce même étudiant semblait avoir trouvé un havre à l'abbaye. Il l'exprima aux moines de la communauté en demandant s'il y avait un lieu pour s'exercer au piano, laissant percevoir son amour pour la musique et sa joie d'avoir découvert un lieu si apaisant. La réponse de l'un de moines le surprit : « Le monastère n'est pas un conservatoire de musique. La journée est ponctuée par les chants à l'église, mais la musique est ici un appui à la vie monastique et non un but. » Les étudiants ont été marqués comme moi par le séjour à Oka. Un monde nous a été révélé.

À la première étape du concours, les soixante équipes d'architectes ont fait parvenir deux panneaux de carton-mousse d'environ 60 cm x 80 cm sur lesquels ils présentaient leur projet pour la nouvelle abbaye. Un jury composé de moines, d'architectes et de spécialistes a sélectionné quatre propositions de façon anonyme. Mon équipe a été retenue pour la deuxième étape du concours. J'avais jusqu'alors participé à de nombreux concours, mon agence d'architecture était même celle qui avait participé au plus grand nombre de concours au Québec. La visite du site, le développement du concept : jamais un projet n'avait vu le jour avec autant d'aisance. Quand on se trouve à la bonne place, au bon moment, on a l'impression qu'on a besoin de moins d'efforts pour arriver au but. Les premiers dessins croqués sur le site portaient en eux toutes les grandes lignes du projet. Les premières maquettes exprimaient bien l'environnement propre à la vie monastique que je commençais à mieux connaître.

Avant de poursuivre le travail sur le projet, les moines invitaient les finalistes à passer vingt-quatre heures parmi eux au monastère à Oka.

La découverte d'un autre univers s'offrait à nous. J'ai eu l'impression d'entrer dans un espace à ralentir le temps. Le silence nous enveloppait. Le temps semblait avoir une autre densité, comme s'il se dilatait. Nous avions chacun notre cellule. Les murs étaient épais, le plafond, haut, la fenêtre, très grande. Nous avions un lit, une chaise, une table, mais pas de téléphone, de télévision ou d'ordinateur.

Nous sommes arrivés à 20 h, c'était le grand silence et nous avions quelques heures pour nous-mêmes avant de penser à dormir. Nous avions du temps; pendant une journée, la vie ne serait pas seulement cette course, cette agitation dont l'enceinte de l'abbaye nous protégeait. À quatre heures du matin, une cloche s'est fait entendre pour le premier office du matin. Réveil difficile : s'habiller, quitter la chambre, puis se rendre lentement à l'église. La lueur du jour avait déjà envahi l'église; les moines étaient dans leur stalle respective. À cette heure matinale, nous avions la vie devant nous. Entre rêve et réalité, les voix des moines se sont fait entendre. Le jour s'est levé, l'intensité lumineuse a augmenté. Une prière, un temps singulier. Après le premier office, je me suis rendu à la bibliothèque; les moines avaient laissé à notre intention des livres sur la grande table.

Parmi les photographies de monastères cisterciens, parfois habités ou partiellement en ruine, une d'entre elles a attiré mon attention. Le mur derrière l'autel s'était effondré, on voyait dehors les arbres matures. Les arbres semblaient poursuivre l'élan des colonnes en premier plan.

Toujours un grand dépouillement, la lumière qui semble habiter le silence : aux premières heures du matin, toutes ces images se sont imprimées durablement dans ma mémoire. Quelques plans présentaient l'organisation des espaces de la vie monastique. Des informations précieuses qui m'ont nourri avant le petit-déjeuner. Après une prière récitée par les moines dans le cloître, nous sommes entrés dans le réfectoire où chacun, à la file, a pris son plat. Une grande table en forme de U ceinturée de petits bancs offrait à chacun une place pour manger. Un moine a choisi un texte et il nous en a fait la lecture. Et puis, une fois le repas terminé, nous avons quitté ensemble le réfectoire, toujours en silence. Je suis allé marcher le long du verger, puis vers les champs. La première journée s'est ainsi déroulée lentement. Après la découverte d'un doux paysage, la découverte d'une autre vie – les moines ont le même rituel quotidien depuis des siècles –, on comprend une temporalité qui semble issue d'un autre monde.

Être architecte, c'est tenter de comprendre la vie pour offrir des lieux qui la rendront, on le souhaite, meilleure. Le temps est essentiel à cette compréhension. L'architecte crée un univers, un environnement pour d'autres humains. Nous ne sommes pas la même personne suivant l'environnement où nous nous trouvons. Il modifie notre relation au monde. Le monastère est un bâtiment qui change notre relation à l'espace, au temps, aux autres.

Au sortir de l'abbaye, après seulement une journée, le temps nous semblait avoir ralenti, et le monde extérieur que nous redécouvrions nous semblait, lui, tellement agité.

LE CHANTIER DE L'ABBAYE

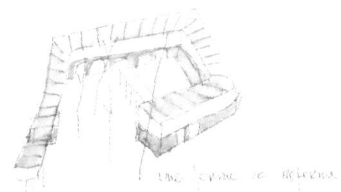

L'étape du chantier est extrêmement importante, surtout pour un projet de l'ampleur de celui de l'abbaye. Nous avons pris le temps qu'il faut pour rencontrer tous les entrepreneurs présélectionnés pour faire le choix le plus judicieux. Nous avons organisé des rencontres avec les équipes et les individus qui allaient vraiment être les personnes clés pour la réalisation du projet. Bernard Malo et son équipe ont été retenus. M. Malo est un entrepreneur général de la région qui a toujours le désir de réaliser le meilleur projet en respectant les contraintes et les budgets. Pour la réussite d'un projet, c'est vraiment important de constituer une véritable équipe, tout le monde ensemble : l'architecte, les ingénieurs, les clients, le constructeur et les sous-traitants. C'est vraiment un élément essentiel pour assurer un bon suivi. Dans le cas du monastère, il y a eu des rencontres toutes les semaines pendant deux ans. Quand on forme une bonne équipe, c'est l'entraide qui domine et la recherche commune de solutions. Parce qu'un chantier, c'est un nombre incalculable de décisions à prendre et de personnes à coordonner. La clé, c'est de faire les plans avec le plus de détails possible. Je pense que ce travail a été bien fait.

Les moines étaient conscients que le monastère serait leur cadre de vie pour des décennies, voire plus d'un siècle. Il y avait cette temporalité autre ; les gens s'impliquaient en sachant qu'ils faisaient un bâtiment qui serait encore là bien après eux. Sur ce type de chantier, on le ressent lorsque les gens sont engagés et comprennent qu'ils font un projet qui les dépasse. Une abbaye, c'est un lieu de prières, un lieu de contemplation, un lieu de vie où bien des gens vont passer et vivront des choses d'une nature autre que celle que nous offrent la majorité des lieux de notre quotidien.

Si je décris l'esprit du chantier, c'est pour bien montrer l'importance de chaque décision. Nous avons ainsi beaucoup travaillé avec des prototypes. Au monastère, nous devions faire des meubles pour une trentaine de cellules. Durant le chantier, nous avons fait un prototype de la chambre et c'est à ce moment-là que les moines ont proposé d'intégrer un lit rabattable. La chambre est extrêmement simple, avec un toit qui s'élève légèrement vers l'extérieur. Le mur qui donne sur l'extérieur est presque entièrement fenestré. On a aménagé une alcôve en forme de « L » en bois qui vient s'adosser au mur mitoyen et qui offre l'espace pour une table de travail. Cela crée une autre échelle, une autre dimension à l'intérieur de la cellule, un petit lieu pour écrire tout en regardant à l'extérieur. L'idée était d'avoir peu de choses : d'un côté, on a l'alcôve et, de l'autre, concentrés dans un seul meuble, le lit et la bibliothèque. De plus, ce meuble sert d'écran au lavabo de chacune des cellules. Tous ces éléments ont été construits en contreplaqué de merisier.

On a aussi beaucoup travaillé avec les prototypes pour tout ce qui était le mobilier de l'église : les panneaux acoustiques, les stalles, les bancs… Les moines ont pu faire faire des prototypes en contreplaqué de chacun des éléments. Les moines se rendent sept fois par jour à l'église, sept jours par semaine, donc plus de 2500 fois par année. Il ne fallait donc pas faire d'erreur dans la conception de leurs stalles. On a fait un prototype. Ils l'ont essayé, frère François a consigné les désirs de chacun. On a fait des modifications, on a redemandé un prototype pour aussi voir la couleur du bois. Il y a quelque chose dans le prototype qui est de l'ordre de la matérialité. On peut le modifier, c'est un élément important. On a fait la même chose avec la chambre : même avant qu'elle soit construite, les moines ont réalisé une cellule témoin avec des éléments en carton pour pouvoir bien saisir la dimension. Donc, lorsqu'il y a des questionnements, l'idée de créer avec des matériaux légers est toujours une très bonne solution.

Pour le choix des matériaux, dans le cas d'un projet de l'importance de celui des moines, il faut faire venir des échantillons, par exemple d'ardoise, de céramiques, de couleurs. Bien sûr, nous avons fait un choix, nous avons apporté les échantillons au chantier pour les présenter, mais il fallait aussi les installer carrément dans la nature environnante pour voir le rapport intimiste entre les matériaux et le site. On peut voir tout de suite s'il y a cette osmose, ce lien privilégié entre les matériaux et l'environnement. C'est la recherche de l'authenticité des matériaux comme élément fondateur de l'architecture.

Frère Lucien a suivi tout le chantier et a rédigé une page par jour pendant toute sa durée. C'est un volume considérable. Cela montre tout ce qui se passe sur un chantier. Suivre au quotidien les travaux, c'est apprendre énormément. Sur un chantier, ce qui étonne, c'est la quantité d'énergie nécessaire. C'est voir que chaque morceau de bois, chaque carreau de céramique a été taillé quelque part, a été transporté, a ensuite été déchargé, a été placé près du chantier, a été pris par des mains, a été amené à une certaine hauteur, a été déplacé, replacé, repositionné. C'est aussi voir à quel point l'homme est présent physiquement sur un chantier, combien ce travail demande une force incroyable. Ce n'est pas tout le monde qui a la capacité de faire ce travail. Lorsque l'on construit pour longtemps, cette énergie est alors répartie sur une plus longue période de temps.

Je lève mon chapeau à tous ces travailleurs qui sont sur des chantiers. Ils se dévouent parce qu'ils comprennent qu'ils vont réaliser une œuvre importante dans leur existence. Je pense que les moines qui ont côtoyé les travailleurs au chantier ont mieux compris l'importance de toute cette main-d'œuvre qu'ils ont d'ailleurs fort bien traitée. Il y a eu des moments émouvants, comme lorsqu'ils ont tenu une journée une porte ouverte pour tous les travailleurs. Des centaines de personnes sont venues avec leur famille. Ces gens étaient fiers de montrer ce qu'ils avaient bâti tous ensemble. La construction de l'abbaye, c'est deux ans de travail avec des centaines d'hommes et quelques femmes. On imagine à quel point un projet de cette ampleur a demandé de volonté humaine. C'était un travail de coordination et de collaboration phénoménal. L'équipe devait être bien soudée, devait comprendre les choses et les anticiper. Il fallait composer avec la température, les délais… C'était une aventure intense où des hommes et des femmes mettaient en commun leur énergie pour se dépasser.

Les moines avaient cédé leur ancien monastère, ils devaient le quitter, alors les travaux ont été faits par étapes, on a terminé les cellules dans un premier temps et les moines sont arrivés graduellement. Deux ou trois moines sont venus passer quelques nuits pour préparer l'arrivée du reste de la communauté. Quelques-uns sont restés dans l'ancien monastère jusqu'au moment de céder les lieux au nouvel occupant. J'ai trouvé assez étonnant le déménagement de cette communauté établie à Oka depuis près de 150 ans. Je pensais que le déplacement de la communauté allait être plus difficile. Rapidement, je n'ai plus entendu parler d'Oka. Les nouveaux espaces des moines à Saint-Jean-de-Matha avaient été conçus avec eux et je les leur avais présentés à de multiples reprises. Ils ont fait les choix en communauté. Je pense qu'il y avait une grande concordance entre le type de vie qu'ils voulaient mener comme communauté et ce que le résultat final leur offrait. En allant au monastère pendant le transfert, j'ai toujours senti de la part des moines que l'on avait atteint l'objectif que l'on s'était fixé. De plus, en voyant le nombre de visiteurs à la nouvelle abbaye, je suis moi-même étonné de constater à quel point ce projet a eu un rayonnement sur l'ensemble de la société. Je pense qu'offrir un lieu de recueillement accessible à tous témoigne de la grande générosité de cette communauté.

Je ne sais comment remercier les moines, ils m'ont fait confiance tout au long du projet. Nous nous sommes expliqués, nous avons essayé d'être le plus transparent et le plus clair possible. Ce fut une expérience des plus enrichissantes pour moi. C'est cinq ans de ma vie, mais des cinq ans comme ça, j'en voudrais jusqu'à la fin de mes jours. On ne peut toutefois pas faire que des monastères dans la vie.

L'abbaye, comme le disent eux-mêmes les moines, c'est une grande maison. Ce livre porte sur des maisons et je trouvais important que cette grande maison, celle d'une communauté, en soit partie intégrante. Les moines m'ont appris à voir la vie autrement, ils ont changé mon rapport au temps. Mes séjours au monastère ont toujours été des moments presque hors du temps. Je pense que les moines témoignent de la possibilité de vivre autrement aujourd'hui et de vivre peut-être plus en harmonie avec l'environnement. Je suis toujours fasciné de constater que le temps s'écoule de façon différente au monastère, c'est comme si le temps s'y dilatait véritablement. Un séjour à l'abbaye décuple le temps dédié au recueillement. J'ai eu l'occasion de suivre cette communauté et je sens qu'elle aura une influence sur moi et qu'elle guidera le reste de mon existence. Merci au Père Abbé, à frère Lucien et à tous les membres de la communauté.

LA GRANDE MAISON – LE MONASTÈRE CISTERCIEN

LA GRANDE MAISON – LE MONASTÈRE CISTERCIEN

LA GRANDE MAISON – LE MONASTÈRE CISTERCIEN

LA GRANDE MAISON – LE MONASTERE CISTERCIEN

LA GRANDE MAISON – LE MONASTÈRE CISTERCIEN

PARENTHÈSE : DISCUSSION AVEC UN THÉOLOGIEN

Je discutais avec un théologien lors de l'inauguration officielle et il me disait que l'on ne réalise pas à quel point l'abbaye aura une influence sur la pratique religieuse au 21ᵉ siècle, comment cette église va changer la façon d'être en communauté. Sa principale remarque concernait sa taille. Il me disait que les églises sont faites pour les très grandes cérémonies, la pratique au quotidien de la spiritualité se fait ainsi dans des lieux extrêmement grands où l'on se sent seul. Dans une société où l'individualité est déjà extrêmement importante, on a besoin de se sentir partie prenante d'une communauté et la dimension de l'église du monastère offre cela. Même en étant seul, on se sent comme faisant partie d'une communauté et quand on est en groupe dans l'église, on est certain que l'échelle correspond à celle d'une communauté à dimension humaine. Ceci favorise l'échange, la pratique et la prière. Aussi, la présence des moines, qui sont en avant et qui ont eux aussi un espace de contemplation, renforce l'esprit de communauté.

Le sentiment de ne pas être seul est aussi probablement dû, je pense, à la présence de la nature. L'église s'ouvre sur elle. Ainsi, même si on est seul dans l'église, il y a toujours cette présence, une vue, une lumière qui change constamment. Il y a des vecteurs de changement qui font que l'on appartient au monde. On n'est pas perdu dans un bâtiment à l'échelle démesurée où on semble être pratiquement trop petit. L'échelle de l'église du monastère tend à conserver une élévation, on sent que l'on est dans un monde au-delà de soi. Elle garde des proportions humaines pour faire en sorte qu'il y ait une chaleur indispensable à la quête spirituelle.

PAR
DOM ANDRÉ BARBEAU,
PÈRE ABBÉ DU VAL NOTRE-DAME

L'ABBAYE VAL NOTRE-DAME : NOTRE MAISON

NOTRE ARCHITECTE PIERRE THIBAULT CROIT QUE NOUS AVONS RETENU SON PROJET PARCE QU'IL PRÉSENTE LE MONASTÈRE COMME UNE MAISON ET NON COMME UNE INSTITUTION. C'EST TRÈS JUSTE, ET DE FAIT, IL Y A DES SIÈCLES QUE NOUS DÉSIGNONS NOS MONASTÈRES PAR LE TERME DE « MAISON », SANS DOUTE EN RAISON DE NOTRE VŒU DE STABILITÉ QUI NOUS ENGAGE À TROUVER DANS UN SEUL ET MÊME LIEU DE VIE TOUS LES ESPACES HABITUELS QU'UN ÊTRE HUMAIN PEUT AVOIR AUTOUR DE LUI : ESPACES DE PRIÈRE, D'ÉTUDE ET DE LECTURE, DE TRAVAIL, DE SOLITUDE, DE COMMUNION, D'ACCUEIL, DE PAIX… NOUS AVONS AUSSI RETENU LE PROJET DE PIERRE THIBAULT PARCE QU'IL NOUS DONNAIT LA POSSIBILITÉ DE VIVRE DE MANIÈRE RENOUVELÉE DIVERSES VALEURS ET PRATIQUES TRADITIONNELLES DE NOTRE VIE MONASTIQUE CISTERCIENNE.

Une maison dans la forêt

Il y avait plusieurs défis dans le choix d'implanter notre nouveau monastère en pleine forêt. Comment y concilier nature et culture, éloignement du monde et proximité ? Y a-t-il une manière québécoise d'habiter un monastère, avec nos longs hivers blancs et nos nuits qui commencent à 16 h et se terminent vers 8 h le lendemain matin ? Une église romane du XIIe siècle dans la belle et austère nudité de ses pierres nous ramène sans cesse à l'expérience spirituelle intérieure; notre église abbatiale du XXIe siècle qui laisse la nature de notre pays nous dire de tous côtés, à pleines fenêtres, le même dépouillement radical, et qui nous reconduit à la même intériorité, mais avec moins de rigidité matérielle, plus de nuances de vie, correspond davantage à l'âme contemplative québécoise. La montagne qui s'éloigne ou se rapproche au gré des heures et surtout des saisons, les cycles de lumière et de verdure qui accompagnent et rythment les heures de la prière et les temps liturgiques nous sont désormais beaucoup plus perceptibles, car la maison est perméable à toute la création qui nous entoure, la création de Dieu prolongée au-dedans par les mêmes matériaux nobles que sont le bois et l'ardoise. L'orientation verte ou écologique s'est inscrite dans ce contexte : préserver cet écrin de verdure et nous y insérer en l'altérant le moins possible, grâce aux techniques dont nous disposons aujourd'hui pour le chauffage, le traitement des eaux, la conservation des énergies, l'insonorisation. Une maison dans la forêt lanaudoise. Au Moyen Âge, c'étaient les ermites, les bandits, les fous, les amants qui se retiraient dans la forêt et ils y devenaient moins humains ou plus saints. La forêt a changé et ses défis de survie aussi : aujourd'hui, ceux qui font le choix d'y demeurer affrontent des défis propres à notre génération, telle la durée dans le temps.

Une maison de prière

Dans notre tradition monastique, tout doit être orienté vers la contemplation. Notre architecte a fort bien saisi cet aspect : ce n'est pas seulement l'église qui nous tourne vers la contemplation, mais aussi les espaces de passage ou de travail, que ce soit par le silence que l'on y trouve ou par les ouvertures innombrables qui nous permettent d'habiter en si grande proximité avec la nature. Mais c'est véritablement à l'église que l'on cerne de plus près, dans l'architecture de notre maison, le lien étroit entre l'espace et le temps. Nous chantons sept fois par jour dans cette église depuis 4 h du matin jusqu'à 20 h : la lumière naturelle à travers la grande fenêtre de la façade est, les divers éclairages d'appoint, le son des voix (accompagnées ou non par la cithare ou l'orgue) s'élevant jusqu'à 9 mètres contribuent à nous affranchir de l'espace et du temps. Les heures s'écoulent comme toujours, mais une troisième dimension s'ouvre : il advient de l'éternel. Et tout l'espace est ordonné par cet incessant mouvement entre le temps chronologique et l'éternel : nous sortons de cet espace et nous y revenons sept fois chaque jour, emportant avec nous l'élan, le souffle,

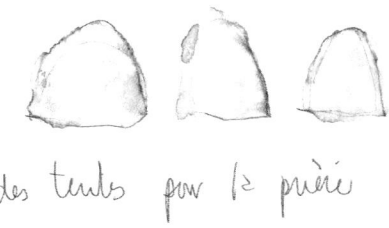

des tentes pour la prière

la mémoire de ce que nous venons d'y vivre ou retournons y vivre, le prolongeant au détour du cloître et des autres espaces de cette maison-Dieu, le laissant influer sur nos relations fraternelles et notre accueil des hôtes. La simplicité des lieux nous ramène constamment à ce pour quoi nous sommes là : aimer dans la longue durée.

Une maison de silence et de communion

Depuis sa fondation, en 1881, notre communauté a toujours cherché à maintenir le fragile équilibre ou la tension dynamique entre silence et parole, solitude et communion. Vivant jadis presque comme des ermites en communauté, communiquant par signes, réduisant l'usage de la parole au minimum, nous redécouvrons aujourd'hui notre véritable charisme de cénobites qui vivent dans le désert. Le silence demeure prioritaire pour écouter la parole de l'autre et de Dieu; la solitude permet de nourrir notre cœur. Mais nous accordons aussi une plus grande part à la communication. L'architecture de la maison reflète ces deux composantes complémentaires de notre vie. Le chapitre, avec son foyer, où nous nous retrouvons régulièrement pour un enseignement ou un échange, le réfectoire où nous mangeons tous, assez près les uns des autres, tout en écoutant en silence la lecture faite par un frère, l'église où nous prions en silence ou en louant Dieu par nos chants et notre psalmodie, le cloître autour de la cour intérieure et les escaliers étroits sont autant de lieux de rencontre, de communion, de croisement fréquent où alternent silence et parole. Chaque cellule des frères s'ouvre à l'étage sur un petit balcon isolé des voisins et permet de retrouver une vraie solitude, tout comme les grands sentiers de marche autour de l'abbaye. Une bonne insonorisation entre les pièces favorise également ce climat de recueillement et de silence.

Une maison de frères en communauté et en humanité

Tout notre projet de vie se résume en ces quelques mots : devenir des êtres nouveaux à la suite de Celui qui fait toutes choses nouvelles et chercher Dieu ensemble dans le même temps et le même espace durant toute notre vie. Cette maison est l'atelier physique et spirituel où nous devenons plus humains, plus frères, plus moines et plus disciples du Christ. C'est le lieu où nous gagnons notre vie par le travail de nos mains, tout comme par le don de nous-mêmes, jusqu'au bout, dans le service de Dieu et de nos frères. Nous cherchons à vivre en frères entre nous, mais aussi avec ceux et celles qui viennent vivre un séjour à l'abbaye. Dans la construction de l'hôtellerie, l'architecte nous a reconnu cette volonté de vivre en harmonie et d'être vraiment unis aux hôtes désireux de partager notre prière et notre vie durant quelques jours, dans l'espace distinct qui leur est réservé : leurs chambres sont en tout point identiques aux nôtres (même simplicité, même rusticité, mais aussi même beauté et même ouverture sur la nature), leur réfectoire imite le nôtre et ils y mangent la même nourriture qui est servie en communauté. L'église est le lieu unique où nous nous retrouvons tous pour la prière.

Pierre Thibault, notre architecte, a tout à fait raison : notre abbaye, c'est une maison, mais une grande maison puisqu'elle peut loger 24 moines et 14 hôtes et leur permettre de prier, travailler, lire, se rencontrer, dormir et pourvoir aux besoins essentiels de la vie. Tous les trois ans, les supérieurs des 172 abbayes de notre ordre dans le monde se retrouvent pour partager entre eux sur la vie concrète de chacune des communautés. Ils le font à partir d'un document d'une page, rédigé par chaque communauté, et qui porte le titre de « rapport de maison ».

NOTRE PROCHAIN RAPPORT RACONTERA COMMENT NOTRE ARRIVÉE DANS CETTE NOUVELLE MAISON A CONSTITUÉ UN MOMENT UNIQUE DANS NOTRE HISTOIRE PERSONNELLE ET COMMUNAUTAIRE.

MON ÉQUIPE

L'abbaye, c'est cinq ans de ma vie, mais c'est également cinq ans de la vie de tous les membres de mon atelier. Être architecte, ce n'est pas un travail solitaire, c'est un véritable travail d'équipe. L'architecte doit collaborer avec tout le monde, mais il doit d'abord s'entourer d'excellents collègues. J'aimerais souligner l'apport exceptionnel de tous les membres de mon équipe. Vous pourrez d'ailleurs trouver à la fin de ce livre les noms de tous les gens qui ont collaboré à chacun des projets.

Un architecte ne peut mener à bien un projet s'il est seul, encore moins un projet comme celui du monastère. Parmi ceux qui se sont investis sur son chantier et qui ont été extrêmement présents, j'aimerais parler d'André Limoges. André a travaillé avec moi durant vingt ans et a pris sa retraite à l'achèvement du monastère. Il avait soixante-dix ans, mais j'avais l'impression que c'était encore le même homme avec qui j'avais, un jour, commencé à travailler. André, c'était un homme d'une grande cohérence, qui s'assurait que l'ensemble des détails soit toujours dans l'esprit du projet initial. Rien de trop, toujours l'équilibre dans tous les projets, les bonnes proportions et aussi le rapport à l'échelle humaine. Près de vingt ans dans la même équipe, c'était quelque chose. Il était notre sage. Donc, merci à André.

Je ne raconterai pas l'histoire de tout un chacun, mais j'aimerais aussi parler de Jean-François, que j'ai eu comme étudiant, qui a été extrêmement rigoureux dans le projet de l'abbaye. Il était à l'écoute des moines. Il a appris à côtoyer André. Il y a Joseph-Marie qui a suivi tout le chantier et a révisé les détails. Katerine, aussi, est avec moi depuis plus de dix ans et a participé à de nombreux projets.

Sans faire la liste de tous mes collaborateurs, je tiens à dire que ce qui permet de faire des projets, c'est une équipe dont tous les membres vont dans la même direction et partagent le même désir d'excellence, de façon à ce que toute l'énergie soit mise au service d'un même but.

PRINCIPALES RÉALISATIONS

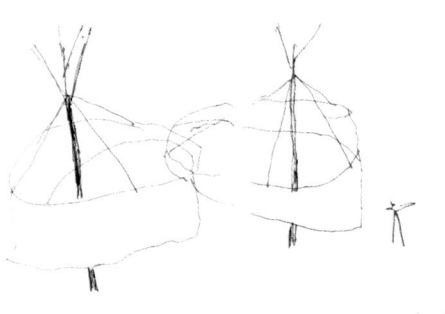

2010	LA MAISON BLANCHE, DRUMMONDVILLE
2010	RÉSIDENCE NOTEBAERT-THIBAULT, EASTMAN
2009	RÉSIDENCE ÉTUDIANTE KANGIQSUJUAQ
2009	ABBAYE CISTERCIENNE, SAINT-JEAN-DE-MATHA
2009	AMÉNAGEMENT DES BUREAUX DE COSSETTE COMMUNICATIONS, MONTRÉAL
2009	MAGASIN DE L'ABBAYE CISTERCIENNE SAINT-JEAN-DE-MATHA
2009	ROULODÔME ET SKATEPARK LE TAZ, MONTRÉAL
2009	LA MAISON NOIRE, SAINT-PLACIDE
2009	SALLE DE MONTRE « SHOWROOM » BURTON-DOMPARK, MONTRÉAL
2009	LA MAISON GRISE, WOOLWORTH
2008	JARDINS ÉPHÉMÈRES, QUÉBEC
2008	LA MAISON DANS LA FORÊT PRÈS DU LAC, SAINT-DENIS-DE-BRAMPTON
2007	SALLE LOUIS-FRÉCHETTE DU GRAND THÉÂTRE DE QUÉBEC
2007	LA GRANDE GALERIE, BEAUPRÉ
2005	LES ABOUTS, SAINT-EDMOND-DE-GRANTHAM
2004	CENTRE NATIONAL DES NAUFRAGES DU SAINT-LAURENT, BAIE-TRINITÉ
2004	JARDIN DU PATRIMOINE AUTOCHTONE, PREMIÈRE NATION EEL RIVER BAR
2004	ATELIER À INUKJUAK
2003	MUSÉE DES ABÉNAKIS, ODANAK
2003	RÉSERVE MUSÉALE DE LA CAPITALE NATIONALE, QUÉBEC
2002	LA FLOUVE, MONTRÉAL
2002	PARC DE LA RIVIÈRE MITIS, GRAND-MÉTIS
2001	JARDIN TERRITOIRE, FESTIVAL INTERNATIONAL DES JARDINS DE MÉTIS
2001	ESPACE CHORÉGRAPHIQUE FONDATION JEAN-PIERRE-PERREAULT, MONTRÉAL
2000	SALLE OCTAVE-CRÉMAZIE DU GRAND THÉÂTRE DE QUÉBEC
2000	INSTALLATION ARCHITECTURALE *REFUGE. 1999-2000*, MUSÉE NATIONAL DES BEAUX-ARTS DU QUÉBEC, QUÉBEC
2000	INSTALLATION ARCHITECTURALE *LA LIGNE DU TEMPS*, QUÉBEC
1999	LABORATOIRES ÆTERNA, QUÉBEC
1999	VILLA DU LAC DU CASTOR, GRANDES-PILES
1999	INSTALLATION ARCHITECTURALE *DE L'IGLOO AU GRATTE-CIEL*, PARIS
1997	SALLE HENRI-GAGNON DE LA FACULTÉ DE MUSIQUE DE L'UNIVERSITÉ LAVAL, QUÉBEC
1997	ÉCOLES ATELIERS EN MÉTIERS D'ART DU QUÉBEC, QUÉBEC
1995	THÉÂTRE DE LA DAME DE CŒUR, UPTON
1994	CENTRE DE TRANSFUSION DU QUÉBEC, QUÉBEC
1992	MUSÉE D'ART CONTEMPORAIN DE BAIE-SAINT-PAUL

UNE VISION DE L'HABITAT DE DEMAIN

J'AI LA CHANCE DE CONCEVOIR DES MAISONS DANS DES ENVIRONNEMENTS MERVEILLEUX, AVEC DES GENS PASSIONNÉS. CE TRAVAIL DEMEURE CEPENDANT EN MARGE DE LA PRODUCTION. J'OSE ESPÉRER QUE CE LIVRE INFLUENCERA FAVORABLEMENT LES GENS QUI ŒUVRENT DANS LE DOMAINE DU BÂTI. LES DÉFIS QUI NOUS ATTENDENT SONT EN EFFET MULTIPLES. IL FAUT RÉAPPRENDRE À UTILISER MOINS D'ÉNERGIE, DE MATÉRIAUX ET D'ESPACE POUR L'HABITAT DE DEMAIN. IL FAUT ÊTRE IMAGINATIF, C'EST UNE OCCASION DE REPENSER NOS VIES. NOS PRINCIPAUX DÉFIS SONT EN VILLE, LÀ OÙ LA MAJORITÉ DES GENS VIVENT.

J'ai habité à Paris et à Rome, des villes beaucoup plus denses que les nôtres, où il est très agréable de vivre grâce à la qualité des espaces publics. En densifiant nos villes avec créativité, nous pourrions diminuer les distances et les temps de déplacement. Nous imaginerions des lieux de créativité d'un nouveau type.

Nous allons devoir, pour la sauvegarde de notre environnement et de la planète, apprendre à vivre autrement, en consommant moins d'énergie. J'ai séjourné quelques semaines à Copenhague et cette ville montre la voie à suivre. Une personne sur deux s'y déplace à vélo ou à pied. La ville consomme pratiquement la même quantité d'énergie qu'il y a quarante ans. On y conçoit déjà l'habitat de demain axé sur le développement durable, mais aussi agréable à vivre, avec de larges fenêtres et de grands balcons bien orientés. On y trouve de beaux parcs, des espaces publics et des pistes cyclables qui sillonnent toute la ville.

Nous allons continuer à bâtir de belles maisons dans la nature, mais le défi que nous devrons relever sera de réussir à créer de l'« habitat nature » en ville, c'est-à-dire un milieu de vie dense qui offre la possibilité de conserver une relation privilégiée avec la nature tout en favorisant la vie communautaire et en minimisant les émissions de gaz à effet de serre. C'est aujourd'hui qu'on doit penser à l'habitat de demain. Bonne réflexion.

ÉPILOGUE

UNE MAISON POUR EUGÉNIE (LA MAISON BLANCHE)

PAR
ROXANE DORÉ
ET SIMON DARVEAU

Automne 2008. Elsa et Maxence voyaient approcher le jour où ils allaient devoir démanteler leur salle de jeux pour « faire de la place » à une nouvelle petite sœur : Eugénie. De notre côté, nous amorcions une série de démarches pour acheter un boisé d'environ six acres qui nous permettrait de limiter nos déplacements en voiture, un terrain vaste qui nous rapprocherait de la nature. Nous aspirions à une vie plus simple. Nous rêvions d'un espace protégé, d'un refuge, d'une maison aux lignes épurées comme on en voit trop peu par ici.

A posteriori, nous pouvons dire que les origines de notre projet coïncident avec la diffusion d'un épisode des *Compagnons du rebut global* dans lequel il était question des maisons en bois. La maison des Abouts y était présentée. Les matériaux mis à l'honneur, les grands espaces vitrés et la cohabitation de cette maison avec la nature nous avaient séduits. Nos lectures de dilettantes en matière de design et d'architecture se sont dès lors orientées vers les maisons contemporaines en bois.

Il nous semblait alors que tout concourait à attirer notre attention sur les réalisations de l'atelier Pierre Thibault. Tantôt c'était un extrait d'un livre présentant 100 maisons québécoises contemporaines dans lequel figuraient Les Abouts et la Villa du lac du Castor, tantôt c'était un épisode des *Francs-Tireurs*. À un autre moment, c'était un article de journal s'intéressant au déménagement de la communauté cistercienne d'Oka dans son nouveau monastère ou encore une nomination pour la Grande Galerie à un prix d'architecture. Puis, par le plus grand des hasards, nous avions l'occasion de voir la maison dans la forêt près du lac prendre forme, de semaine en semaine, au gré des visites effectuées chez des amis, voisins de cette demeure. D'autres maisons contemporaines dont une certaine *White House* norvégienne et la Maison sur le mont Fuji, une maison noire, sorte d'ombre dans une végétation d'un vert saturé, ont aussi participé à fonder notre cadre de référence premier, celui qui devait nous amener à l'atelier Pierre Thibault avec l'idée d'une maison noire repliée autour d'une cour intérieure. Étrangement, on travaillait déjà sur une certaine maison noire.

Nous gardons le souvenir de nous être présentés à l'atelier avec une timidité proportionnelle à l'admiration qui nous y avait conduits. Nous en étions ressortis avec l'impression d'être chanceux. Nous savons maintenant que nous sommes privilégiés.

Plus d'un an s'est écoulé depuis cette première rencontre. La maison que nous imaginions noire sera blanche. Le temps nous aura permis de mettre à l'épreuve certains présupposés. Il aura permis à notre réflexion d'évoluer, à de nouvelles idées d'émerger. Il aura permis au regard que nous posions sur notre maison de se transformer. Avec le temps, notre maison continue de gagner en raffinement, en élégance et surtout en concordance avec ce que nous sommes.

Au fil des rencontres et des échanges, nous avons commencé à percevoir la maison comme un assemblage de lumière, d'espaces, de couleurs et de textures. Chaque élément de sa composition semble être choisi en fonction de sa capacité à créer des expériences de vie riches et intéressantes. Chaque choix est expliqué. Chaque explication prend la forme d'un récit dans lequel on découvre une expérience vécue ou anticipée. Ces récits se fixent dans notre esprit comme des fragments de films de ce que nous réservent les différents recoins de notre maison.

Eugénie a huit mois. Elle a été de toutes les rencontres, parfois endormie, parfois en pleurs, alors que nous discutions avec Pierre, Jean et Virginie. Elle aura assisté à tout le processus de définition de la maison dans laquelle elle grandira quelque part dans un coin de forêt et, très certainement, dans la lumière.

ACHEVÉ D'IMPRIMER, BEAUCEVILLE
PREMIER TRIMESTRE 2010